4·16구술증언록 단원고 2학년 6반 제6권

그날을 말하

동영 엄마 이선자

4·16구술증언록 단원고 2학년 6반 제6권

그날을 말하다

동영 엄마 이선자

4·16기억저장소 기획 편집
(사) 4·16세월호참사가족협의회 지원 협조

일러두기

1. 음절로 식별 가능한 소리를 들리는 대로 전사하는 것을 원칙으로 한다.

2. 의미를 파악하기 위해 추가 설명이 필요할 경우 [ ]로 표시한다.

3. 몸짓, 어조 등 비언어적 행위는 ( )로 표시한다.

4. 구술자가 말을 잇지 못해 말줄임표를 사용하는 경우 ……, …로 길고 짧음을 표시한다.

5. 비공개 영역은 〈비공개〉로 표시한다.

6. 비공개해야 하는 희생자 형제자매의 이름은 ○○, △△ 등의 도형기호로, 생존자의 이름은 A, B, C 등 알파
   벳 대문자로 표시한다.

7. 비공개해야 하는 제3자는 직분이나 소속, 성만 공개하고, 이름은 ××로 표시한다. 비공개해야 하는 숫자는
   자릿수에 상관없이 □로 표시하며, 지명은 □□로 표시한다.

　4·16기억저장소에서는 세월호 참사 5주기를 맞아 구술증언 수집 사업의 결과물 일부를 100권의 책으로 발간하게 되었습니다. 이 사업은 2015년 6월부터 다양한 학문 분야 구술 연구자들의 자발적인 참여로 진행되어 왔으며, 세월호 참사를 좀 더 정확하고 다각적으로 기록하고 기억하고자 하는 노력의 일환으로 수행되었습니다.

　2014년 참사 발생 이후, 참사 피해자들의 목격담과 경험은 안타깝게도 공식적인 국가기관과 언론의 기록 속에서 철저히 소외되거나 왜곡되었습니다. 그것은 세월호 참사가 우리에게 안긴 죽음과 고통의 충격만큼이나 우리 사회의 끔찍한 비극이었습니다. 따라서 사업을 진행하면서 세월호 참사 희생자 가족, 생존자, 생존자 가족, 어민, 잠수사, 활동가, 기자 등등, 참사의 초기 과정을 직접 경험한 분들의 증언을 우선적으로 수집했습니다. 구술자는 이 사업의 취지와 방식에 개인적으로 동의한 분 중에서 선정했으며, 참여 과정에 어떠한 금전적 보상이나 이익이 제공되지 않았습니다. 또한 구술증언 수집 사업을 진행하는 동안, 면담자는 연구자이자 참사를 겪은 공동체 시민으로서 최대한 윤리적이고자 노력했습니다.

구술자마다 매회 약 2시간씩 3회를 원칙으로 음성 녹취와 영상 촬영을 하는 방식으로 진행되었고, 증언의 일관성을 확보하기 위해 면담자는 큰 틀에서 공통 질문지를 사용했습니다. 공통 질문지의 내용은 참사와 구술자 간의 관계성에 따라 차이가 있지만, 유가족 구술의 경우 1회차 '참사 이전의 삶, 팽목항과 진도에서의 경험, 자녀에 대한 기억'을, 2회차 '참사 이후 투쟁과 공동체 활동 경험'을, 3회차 '참사 이후 개인 및 가족이 경험한 삶의 변화와 깨달음, 자녀의 현재적 의미'를 중심으로 했습니다. 이처럼 증언 내용은 참사 이전에서 시작해 참사 발생 당시의 경험과 이후의 변화 과정까지 폭넓게 수집했고, 면담자는 구술 채록 과정에서 구술자의 발화를 최대한 존중하고자 했으며, 무엇보다 각자의 특수한 경험과 다른 시각을 충실히 반영하고자 했습니다.

이 구술증언록의 발간을 위해, 채록된 음성 자료는 문서로 변환해 구술자와 함께 검토했고, 현재 시점에서 공개할 수 있는 영역과 할 수 없는 영역으로 구별했습니다. 따라서 책에 실린 내용은 모두 구술자로부터 공개를 허락받은 부분입니다. 비공개 영역은 추후 구술자의 동의를 받아 적절한 절차를 거쳐 추가로 공개될 수 있으리라 생각합니다.

이 구술증언록 100권에는 그동안 우리 사회에 왜곡되어 알려지거나 잘 알려지지 않았던, 참사 발생 직후 팽목항과 진도 혹은 바다에서의 초기 상황에 관한 중요한 증언이 포함되어 있습니다. 또한, 자녀를 잃는 잔인하고 애통한 상황을 겪으면서도 그 누구보다 강인한 정치적 주체로 성장할 수밖에 없었던 유가족의 마음과 경험을 구체적으로, 그리고 여러 각도에서 살펴볼 수 있습니다. 그 외에도, 이 구술증언록은 2014년을 전후한 한국 사회의 여러 측면을 드러내는 귀중한 자료가 되리라고 생각합니다. 무엇보다 국내외의 많은 분이 이 책을 읽어, 장차 세월호 참사의 진상 규명과 역사 서술에 기여할 수 있기를 바랍니다.

구술증언 수집 사업이 진행되고, 책으로 출간되기까지 많은 분의 도움과 지지가 있었습니다. 이 지면을 빌려 부족하나마 감사의 말씀을 전하고자 합니다.

먼저 (사)4·16세월호참사가족협의회와 4·16기억저장소에 감사를 드립니다. 이분들의 신뢰와 적극적인 협조가 없었다면, 이 사업은 처음부터 시작할 수조차 없었을 것입니다. 또한 어려운 정치 환경 속에서도 사업의 취지에 공감해 재정 지원을 결정해 준 아름다운가게와 역사문제연구소에 감사드립니다. 두 단체 덕분에, 이 사업을 4년 동안 계속해 올 수 있었습니다. 그리고 구술증언록 100권의 발간에 동의하고, 바쁜 일정에도 출판 실무를 기꺼이 맡아주신 한울엠플러스(주)에도 감사를 드립니다. 이 외에도 많은 개인과 단체가 직간접적으로 많은 도움을 주시고 격려해 주셨습니다. 여기에 모두 밝히지 못하는 것을 죄송하게 생각합니다.

　말할 필요도 없이, 가장 크고 또 가슴 아픈 감사는 구술자 한 분 한 분께 드리고자 합니다. 이 책이 발간될 수 있었던 것은, 무엇보다 용기를 내어 아픔과 고통의 기억을 다시 떠올리고 장시간 진심으로 이야기를 해주신 구술자가 있었기 때문입니다. 오랜 시간 이야기를 나누며 함께 공감하기도 했지만, 그 아픔과 고통을 어떻게 가늠할 수 있을까 싶습니다. 더 큰 도움이 되지 못함을 안타까워하며, 이 구술증언록 100권의 발간이 피해자분들에게 조금이라도 위로가 될 수 있기를 기원합니다.

2019년 4월

4·16기억저장소 구술팀 책임자

서울대학교 인류학과 교수 이현정

차례

동영 엄마 이선자

구술자 이선자는 단원고 2학년 6반 고 김동영의 엄마다. 동영이는 언제나 엄마에게 힘이 되어주었던 성실하고 든든한 아들이었다. 길을 걷다가도 더 이상 아들과 이 땅을 함께 밟을 수 없음에 엄마는 가슴이 미어지지만, 동영이의 죽음이 헛되지 않도록 하기 위해 오늘도 4·16합창단 단원으로 전국을 돌며 진상 규명을 위한 투쟁에 함께하고 있다.

이선자의 구술 면담은 2017년 2월 8일, 14일, 3월 2일, 3회에 걸쳐 총 5시간 30분 동안 진행되었다. 면담자는 이현정, 촬영자는 김솔·박은수·이민이었다.

구술자 본인의 프라이버시나 제3자의 프라이버시를 보호해야 할 부분을 제외하고는 구술자의 발화를 있는 그대로 전사했다.

1회차

2017년 2월 8일

1
시작 인사말

면담자   본 구술증언은 4·16 사건에 대한 참여자들의 경험과 기억을 기록으로 남김으로써 이후 진상 규명 및 역사 기술에 기여하고자 합니다. 지금부터 이선자 씨의 증언을 시작하겠습니다. 오늘은 2017년 2월 8일이며, 장소는 안산시 단원구 정부합동분향소 내 기독교방입니다. 면담자는 이현정이며, 촬영자는 김솔입니다.

2
구술 참여 동기와 근황

면담자   이번 구술증언에 참여하시게 된 동기는 무엇인가요?

동영 엄마   일단 아이의 기록도 있는 것이고요, 저희들의 삶도 변화가 있잖아요. 그런 거를 같이 자료를 만들어주시고 나중에 기여하는 데 많은 도움이 되지 않을까 해서….

면담자   이 기록이 어떠한 목적으로 사용됐으면 좋겠다는 바람이 있으신가요?

동영 엄마   저희들 아이들 기억하는 게, 잊지 않고 기억하는 게 제일 지금으로서는 그래요. 그게 저희들은 제일 큰 목적으로 삼고 싶고, 나중에도 이 일을 계기로 해서 이 사회가 조금은 변할 수 있는 (울음).

면담자	어머님 벌써 우셔서 어떡해요….
동영 엄마	그래서 이런 거 안 하고 싶었는데(눈물을 훔침).
면담자	요즘에 어떻게 지내시나요?
동영 엄마	요즘에는 그냥 집에 있는 시간이 많고요, 아빠가 점심도 집에 와서 점심을 먹기 때문에. 거의 바깥으로 저희들이 큰 행사가 있거나 일정이 있을 때는 제가 나가고 하는데, 그런 일정이 없을 때는 집에서 많이 있는 편이에요.
면담자	4·16공방이든지 4·16합창단이든지 여러 활동들이 있잖아요. 참여하고 계신 거 있나요?
동영 엄마	어, 저 합창단 하고 있어요.
면담자	동영이가 학교 끝나면 친구들 데리고 이것저것 집어 먹고 그랬단 이야기를 들었는데, 지금 분식집은 안 하시는 건가요?
동영 엄마	네, 그 이후로….
면담자	집에 계시는 게 힘드시진 않으세요?
동영 엄마	처음에는 저희들이 활동이 많았잖아요. 그래서 밖으로 많이 다니고 집에 있는 시간이 거의 없었다고 봐야죠. [예전엔 밖으로 많이 다녀서] 딸애도 아무래도 혼자 많이 방치해 둔 건데도[됐는데] 지금은 일정이 처음보다는 많이 줄었기 때문에 집에 그냥 있는데, 크게 답답하고 그런 거는 많이 없어진 것 같아요. 답답하면 한 번씩 밖에서 엄마들 만나고 그렇게 해서, 같이해서.

동영 엄마 이선자

면담자   따님은 몇 학년인가요?

동영 엄마   지금 고3 올라가요, 연년생이었어요. 연년생인데 동영이가 7살에 학교를 들어갔거든요, 생일이 빨라서. 그러니까 학년으로는 두 학년 차이 나고.

면담자   그렇군요, 아무래도 고3 엄마로서 바쁘시겠네요?

동영 엄마   [알아서] 잘하겠죠(웃음)?

3
학창 시절, 서울 생활, 결혼

면담자   4·16 이전의 삶에 대해서 제가 몇 가지 여쭤보겠습니다. 결혼하고 안산에 오신 건가요? (동영 엄마 : 네) 그럼 학교 다니고 직장생활 하셨으면 직장이든지 이런 걸 잠깐 소개해 주시겠어요?

동영 엄마   아, 제 얘기를요? 저는 경상도 풍기라는 곳에서 태어났고요, 거기서 고등학교까지 졸업을 했어요. 고등학교까지 졸업을 하고 그러고 저희 엄마가 조금 일찍부터 아프서 가지고. 외갓집이 구미에 있었거든요, 그래서 외갓집 있는 쪽으로 이사를 해서 구미에서도 한 10년 넘게 거기서 산 것 같아요. 거기서 살면서 제가 직장생활을 거의 안 했어요. 자라면서도 저희 집이 딸이 하나라서 밑으로 남동생만 셋이고 하나라서 쭉 시골에서 자랐는데요(웃음). 사실 일도 많이 하지도 않았고 거의 안 했어요. 고등학교 졸업할 때까지도 진짜 양말 하나도 제 손으로 제가 안 빨아 신고 그렇게 커가지고(웃음).

면담자　　　외할머니가 해주신 건가요? 아니면 어머니가?

동영 엄마　　엄마가 해주시고 했었으니까. 그래서 아무것도 모르고 컸다고 해야 되나요? 맏이인데도 제가 집에 장녀로서 첫딸은 살림 밑천이라고 그러는데 그 역할도 제가 많이 못 한 것 같아요. 그냥 많이 의지를 하는 편이었고 직장생활도 제가 힘들어서 많이 못 했어요. 일을 안 하다 보니까, 나와가지고 처음에 포부는 크죠. 돈 벌어서 이거도 하고 싶고, 하고 싶은 것도 많고 돈도 써보고도 싶고 저축도 하고 싶고 그런데, 막상 직장생활을 하니까 이게 너무 힘들더라고요. 그때까지도 엄마, 아빠랑 같이 [살아서] 부모님들하고 떨어져 있던 기억이 없어요, 한 번도 떨어진 적이 없었어요. 그래서 제일 힘든 게 엄마, 아빠랑 떨어져 있는 거 (웃으며) 못 보는 거, 그게 제일 힘들어 가지고 몇 개월 직장생활을 하면서 보고 싶어서 많이 울기도 하고. 저희 외삼촌 회사에서 제가 일을 했었거든요.

면담자　　　거긴 어디였던 건가요?

동영 엄마　　구미, 구미에서.

면담자　　　어머니는 경상북도 구미에 같이 가신 게 아닌가요?

동영 엄마　　네, 엄마가 그때 아프서 가지고 그쪽으로 이사를 가서 거기서 같이 그냥.

면담자　　　그럼 엄마는 보시고 아빠는 못 보시고 그런 건가요?

동영 엄마　　　아니요, 같이 그전에는, 제가 잠깐 고등학교 졸업하고 나서 몇 개월은 그냥 이사 가기 전에 외삼촌 회사에서 일을 하는데 너무 힘들더라고요. 그래서 처음에 외삼촌한테 제가 집에 보내달라고 울면서 그랬거든요(웃음). "일하다가 정 힘들면 학원을 보내줄 테니까 그러면 학원을 다녀라. 너 하고 싶은 걸 해라" 그래서 몇 개월을 견뎠어요. 그렇게 견디다가 나중에는 제가 도저히 안 될 것 같아가지고 제가 저희 아빠한테 편지를 썼거든요. 그때는 전화도 있었지만은 편지를 많이 쓸 때잖아요, 편지를 써서 제발 나 좀 데리러 오라고(웃음). 그렇게 편지를 썼는데, 아빠가 그걸 보시고 외삼촌한테 편지를 쓰신 거예요, 보내라고. 안 되겠다고, 보내라고 했는데 외삼촌이 그걸 저한테 편지를 안 전해주고. 이불 속에다가 그냥, 장롱 안에다가 감춰놓으셨더라고요. 나중에 알고 보니까 아빠가 보내라고 해서 편지 보면 당장 갈 것 같으니까 숨기셨더라고.

　　그러고서 나중에 아빠가 오셨어요. 오셔가지고 나 아빠 따라간다고 그래서 다시 직장생활을 못 하고 우리 집에서 한동안 있었거든요. 있다가 엄마가 많이 편찮으셔서 다시 구미로 이사를 했어요, 다, 전 가족이. 그때 막내가 초등학교 6학년 졸업반이어 가지고 전학을 하기도 그렇고 그래서 막내만 할아버지, 할머니랑 같이 거기서 살고 그러고 저희들은 구미로 다 오게 됐어요, 남동생 둘이랑 저랑 엄마, 아빠랑. 그래서 구미에서 아빠가 직장을 잡으셔 가지고 직장생활을 하시고 저도 이사를 오니까 외삼촌이 다시 와라 해가지고 가서, 거기 가서 다시 일을 하고 했는데 오래는 사실 [못 했어요].

면담자　　　무슨 일을 하셨나요?

동영 엄마   그냥 그쪽이 제가 배운 게 있는 것도 아니고 일단 고등학교 졸업하고 간 상태라서 크게 기술도 없고. 그쪽이 섬유 쪽 공장들이 많잖아요, 그래서 그쪽에서 염색 하는데 [섬유]검단 이런 거? 그런 일을 했거든요. 그 일 하다가 나중에 그 일을 관두고 거의 놀다시피 한 거예요. 집에서 (웃으며) 놀고 그러면서 외할머니가 고생을 참 많이 하셨어요, 많이 하시고. 엄마가 위암이었거든요. 그래서 위암이라 수술을 한 번 했는데 나중에 이게 재발이 돼가지고 상태가 더 안 좋아졌어요. 그래서 외할머니는 어떻게라도 민간요법으로 고쳐본다고, 그 진짜 기억나는 게 겨울에 눈이, 그때는 겨울에 눈도 많이 왔잖아요? 그래서 어디 산 같은 데 깨끗한 데 가서, 산속에 눈이 진짜 많이 (가슴께로 손을 들며) 거의 요까지 저거 할[쌓일] 정도로 눈이 많이 왔었는데 산에를 가서 솔잎이 좋다고 솔잎을 그거를 삶아서 그걸 국물을.

면담자   즙을 내서?

동영 엄마   네, 즙을 집에서 직접 그렇게 하신다고 진짜 산속을 들어가서 가지고 솔잎을 이렇게 한 포대씩 따가지고 온 그런 기억도 나고요. 그러다가 결국에는 나중에 엄마가 [병세가] 심해져서 돌아가시고 그러고 아빠 혼자서 거의 살림을 맡아서 하신 거예요.

면담자   외할머니도 계속 같이 사시고요?

동영 엄마   네네. 동생들도 학교를 그때 다녔었기 때문에 그래 가지고 거기서 애들도 졸업을 하고. 제가 나중에 서울에를 언제 올라왔는지는 모르겠어요(웃음). 연도까지는 모르겠는데 서울로 제가,

22

동영 엄마 이선자

고모들이 서울에 있어서 서울에 올라왔거든요. 서울에 올라와서 그때 봉제 제품 만들고 하는 곳에 고모들이 있어 가지고.

면담자 　　그게 무슨 동이었는지 기억나세요?

동영 엄마 　　그게 처음에 지금 망우동? 망우동 그쪽에도 있었고 마장동 이쪽에서도 있었고. 그리고 저희들이 여기 안산 이사 오기 전에 사당동에 살았었고요. 거기서 처음에 망우동으로 가서 제품집에를 들어가서 일을 했어요. 근데 제가 일을 꾸준하게 못 해가지고 몇 개월 하다가 쉬다가, 몇 개월 하다가 쉬다 이렇게 자꾸 반복이 되더라고요. 그렇게 했는데 나중에는 나이가 드니까 '어우, 안 되겠다' 싶은 생각이 들더라구. 제가 너무 할 줄 아는 것도 없고 그래 가지고 식당 생활을 했어요. 서빙을 하기 시작을 했는데. (면담자 : 서울에서요?) 네네, 오히려 제품집에서 갇혀가지고 가만히 앉아서 하는 일보다는 식당에서는 그래도 많이 움직이고 사람들도 많이 만나고 그러다 보니까 그게 오히려 더 재미가 있더라고요. 그래서 그 일을 그때부터 좀 오랫동안 했었거든요. 그렇게 하다가 하면서, 그 일을 하면서 [동영이] 아빠를 만났어요.

면담자 　　어떻게 만나셨어요?

동영 엄마 　　아빠가 일하는 사무실이 제가 일하는 식당 바로 옆에 건물이라서(웃음).

면담자 　　아버님이 어머님 일하시는 식당에서 식사를 많이 하셨군요?

동영 엄마　　　　네네(웃음). 거기서 아빠를 만나가지고 데이트도 몇 번 하고, 진짜 재미없었거든요? 아빠가 고향이 진도예요. 경상도 남자들이 무뚝뚝하다고 하는데 전라도 남자들이 더 무뚝뚝하더라고! 말도 없고 데이트할 때도 진짜 재미없게 데이트하고, 몰라. 그랬는데 그냥 느낌이 되게 성실한 것 같았어요. 성실하고 착하고 성격은 어떻게 보면 좀 날카로워 보이기도 하고 그런데 사람이 눈에 콩깍지가 씌면 다 좋아 보인다고 그래서 데이트도 하고, 그러다가 한 1년? 1년도 안 되게, 1년 정도 사귄 것 같아요.

면담자　　　　사당동에 계셨을 때인가요?

동영 엄마　　　　네, 사당동에 있을 때. 그렇게 하다가 나중에 결혼까지 생각을 하게 됐어요. 진짜 처음에는 성실한 거 하나 보고 딱 결혼을 했는데, 아빠도 집안이 크게 넉넉한 편이 아니더라구. 저는 그때 당시에도 땅이 한 평 두 평 이런 거를 제가 가늠을, 지금도 그걸 잘 가늠을 못 하거든요? 그런 거를 진짜 가늠을 할 줄도 모르고 땅이 몇 평이라 그러면 어느 정도 있는지도 저는 지금도 몰라요. 그런 거도 몰랐는데 거기 시골이 진도다 보니까. 제가 결혼을 한 서른하나에 결혼을 했어요.

면담자　　　　그러면 그때 동영 아버지는 몇 살이셨어요?

동영 엄마　　　　저하고 3살 차이.

면담자　　　　3살 위이신거죠?

동영 엄마　　　　네, 그래서 그때 당시치고는 늦게 결혼을 한 편이고,

동영 엄마 이선자

서른이 넘었는데도 그때까지만 해도 결혼이라는 현실감을 제가 크게 느끼지를 못한 것 같아요, 생각도 못 하고. '진도? 진도면 바닷간데?' 저희들은 고향이 거의 산이잖아요. (웃으며) '바닷간데? 가면 재미있겠다'. '가면 갯벌에 가서 뭐 조개도 잡고 뭐도 하고' 되게 낭만적으로 생각을 한 거예요. 그래서 그런 결혼생활이라는 거를 실제로 이게 어떤 건지도 그때 당시까지도 생각을 크게 하지도 않았고, 다만 그런 생각만 가지고 그냥 가볍게 생각을 한 것 같아요. 그래서 그냥 결혼을, 아빠하고 결혼을 그렇게 해서 골인을 했어요(웃음).

4
신혼생활, 출산

면담자　처음에는 신혼집을 사당 쪽에다가 만드신 거예요?

동영 엄마　네, 사당 쪽에서. 사당동에서 애들 둘 다 그쪽에서.

면담자　아이들을 거기서 낳으셨어요?

동영 엄마　네.

면담자　그렇구나. 그러면 그때는 동영 아버지 다니던 회사 계속 다니시고?

동영 엄마　네네.

면담자　어머니도 거기 식당에서 계속하시고?

동영 엄마   네.

면담자   그러면 어떻게 해서 안산에 내려오시게 됐나요?

동영 엄마   거기서 애들을 동영이를, 강남성모병원에서 동영이를 낳았어요. 동영이를 낳을 때도, 이거 얘기해도 되나요? 동영이를 낳을 때도 제가 첫애잖아요?

면담자   결혼하고 아이를 바로 가지게 됐나요?

동영 엄마   아니요, 그냥 몇 개월 뒤에 가진 것 같아요. 동영이 낳기 전에도 5일 동안을, 첫애다 보니까 출산이 가까워지면 양수가 터지고 이런 거에 대해서 크게 모르잖아요. 모르다 보니까 제가 출산 날짜가 거의 가까워졌는데 동영이가 생일이 예정일이 2월 27일이에요. 2월 27일인데 한 5일 전부터 허리가 너무 아프더라고, 배는 괜찮은데. 그래서 허리가 아파서 동네 가까운 데 있는 성모병원 가서 마지막 진료를 하고, 그러고 갔다 와서 그다음 날인가 돼서 허리가 너무 아픈 거예요, 어떻게 앉아 있지도 못하고 눕지도 못하고. 그래서 너무 힘들어서 한 이틀 동안을 그냥 견디다가 동네 가까운 병원에를 산부인과를 갔는데 "허리가 아픈 거는 소용이 없다"고, "배가 아파야 애들이 나온다"고 그래서 병원 가서 검진하고 그렇게 얘기를 하니까 그냥 기다린 거예요. 그 아픈 동안에 양수가 조금 조금씩 샌 거야, 저도 너무 힘들었고.

면담자   힘드셨겠네요.

동영 엄마   네, 너무 힘들었고 동영이도 얼마나 고생이 됐겠어(웃음). 그래서 "어우, 이거는 아니다" 싶어 가지고 나중에 참다가 안 돼서 5일째 되는 날 담당 의사한테 전화를 했거든요. 상태를 얘기를 하고 전화를 하니까 당장 입원하라고 그러시는 거야.

면담자　　왜 그 전에는 성모병원에 바로 연락 안 하셨어요?

동영 엄마　　개인병원에서 그렇게 얘기를 하니까 그 말을 그냥 믿고 있었던 거죠, 믿고 있었는데 "어우, 안 되겠다" 싶어 가지고. 친정 고모가 난리가 난 거야 "그러게 병원에 가라 그래도" 고모가 일을 다니기 때문에 매일 오지는 못하고 제가 저기 전화할 때만 상황을 얘기를 했거든요. 병원에 가라고 그러는 거를 제가 "하루만 더 버텨보고 조금 있어보고 병원에서 허리 아픈 거는 소용이 없대, 배가 아파야 된대" 그냥 그 얘기만 계속 반복하면서 5일을 버틴 거예요. 5일 동안 제가 잠을 한 2시간씩밖에 못 잤어요, 그거도 아침에 잠깐, 밤이 되면 진짜 너무 심하게 아팠고 [그래서 못 잤고]. 그래 가지고 거기서 전화를 해서 입원을 하라고 해서 바로 가서 입원을 했거든요. 입원을 했는데 벌써 양수가 조금씩 많이 새가지고 이게 자궁이 잘 안 열린다고 하더라고. 그래서 유도분만도 해보고 그런 식으로 하다가 한 2시쯤 병원에 들어갔어요. 들어갔는데 저녁때도 종합병원은 인턴들이….

면담자　　그날이 26일, 27일?

동영 엄마　　27일 날 들어간 거죠. 27일에 들어가서.

면담자　　27일이 동영이 생일인 거죠?

동영 엄마   네, 그러고 낮에 병원에 갔는데 저녁에 되니까 선생님이 "안 되겠다"고 "수술을 해야 되겠다"고 애가 너무 힘드니까 배 속에서 태변을 봤는데 그걸 애들이 먹으면.

면담자   안 되죠.

동영 엄마   네, 뇌로 가기 때문에 안 좋다고 그래서 저녁 한 9시경에 수술을 했어요, 제왕절개로. 어떻게 공교롭게 수술을 하면 수술 날짜를 잡아서 하는데 어떻게 간 게 동영이 예정일이었고. 그러고 나니까 지금 지나고서도 생각하니까 그게 너무 신기한 거예요.

면담자   신기하죠.

동영 엄마   예정일하고 너무 딱 맞아 떨어져서. 그래서 동영이 낳고 동영이 키우다가, 동영이 6개월 때 ○○이가 들어섰어요. 그래서 처음에는 고민도 많이 하고 "어우, 얘를 낳아야 돼 말아야 돼" 너무 걱정을 했거든요.

면담자   수유는 안 하셨어요?

동영 엄마   수유를 했는데 모유가 많이 안 나왔어요, 그래서 모유 조금 먹이고 분유도 조금 먹이고 그렇게 했는데. 어떻게 6개월이 됐는데 애가 그냥 들어서더라고. 그래서 ○○이 같은 경우에는 동영이 때문에라도 애기 봐줄 사람도 없고 그래서 친정에 가서 ○○이는 낳고 거기서 한 달 몸조리하고 그러고 올라왔었거든요.

면담자   그럼 동영이 낳고 나서는 일은 그만두신 건가요?

동영 엄마   네. 동영이 가져서 5개월까지는 제가, 그때는 아빠 후

배가 서초동에서 경양식 집을 하고 있었어요. 그래서 그쪽에는 일이 그렇게 힘든 일이 아니잖아요. 동영이 가지면서 관두려고 했는데 그 후배가 "아, 형수 조금만 몇 개월만 더 봐달라고" 그래 가지고 한 5개월까지. 대신 힘든 일은 안 시키더라고(웃음). 그래서 거기서 관두고 와가지고도 거기서 일을 해서 그런지 경양식, 경양식이라기보다는 돈까스 같은 거? 어우, 너무 생각이 나는 거예요, 집에 와 있으니까. 그래서 전화해서 "아우, 나 돈까스 먹고 싶어, 뭐 먹고 싶어" 얘기를 하며는 그 후배가 한동네에 살았어요, 사당동에서. 그러면 퇴근할 때 되면 포장을 해가지고 먹으라고(웃음). 그래서 동영이는 그렇게 해서 낳고 ○○이도 친정에 가서 낳고 한 달 몸조리를 하고.

면담자 　　그때 친정은 계속 구미에 계셨나요?

동영 엄마 　　그때는 동생이, 엄마가 없으니까 제가 걱정을 했어요. ○○이, 동생을 애를 낳아야 되는데, 어우 동영이 때문에 걱정이라고 그랬더니만 동생이 올케하고 둘이서 내려오라고 걱정하지 말고 내려오라고.

면담자 　　큰동생이요?

동영 엄마 　　네, 그래서 그때 동생이 허리 디스크가 와가지고 많이 안 좋은 상태였어요. 그래서 회사생활을 하다가 몸이 안 좋으니까 저희들이 거기서 과수원을, 풍기 쪽이 사과가 또 유명하잖아요. 어릴 때는 과수원하고 인삼밖에 농사를 거의 안 했었거든요. 과수원이 있으니까 거기 가서 농사를 짓는다고. 회사 일을 못 하니까 어떡해. 그래 가지고 거기를 풍기를 내려가 있었어요, 동생이. 그래서 거기서 ○○이를 낳고 동영이 데리고 가서. 외삼촌하고 외숙모하고 고생이 많았죠(웃음), 한 달 동안 동영이도 보고 하느라고. 거기서 동생을 낳아가지고 집에를 왔는데 안고 집에 오니까 동영이가 엄청 너무 안쓰러운 거야, 얘가. 그때까지만 해도 우유병을 못 뗐었거든요. 그런데 고모, 외숙모 같은 경우에는 우유병을 애가 떼야 된다고, 동생이 태어나니까. 그래서 우유병을 뗀다고 밥을 그냥 배고프지 않게 중간중간에 조금씩 이렇게 해서 먹인 거예요. 그래서 [동영이는] 엄마가 없으니까 응석도 못 부리지, 그래서 거기서는 많이 우유병을 찾지는 않았는데. 집에를 퇴원을 해서 동생네 가 있는데….

면담자 그러면 동영이는 큰동생네가 봐줬던 거고?

동영 엄마 네.

면담자 그럼 어머님도 그 집에 있으면서 풍기에 있는 병원을 가신 건가요?

동영 엄마 네.

면담자 ○○이는요?

동영 엄마 큰동생이 병원하고 다 왔다 갔다 하면서, 그때는 저희 친정 아빠도 그쪽에서 직장생활 하시다가 나중에 퇴직하고 그쪽으로 가셨거든요. 그래서 아빠도 거기 계시고 해가지고 친정 식구들이 고생을 좀 많이 했죠.

면담자 그럼 병원 퇴원하고는 같은 집에서 동영이도 보시긴 보셨겠네요. 같은 집에 있으니까?

동영 엄마　　네, 그렇죠. 봤는데 잠을 저하고 같이 안 잘려고 하더라고요. 옆에 애기가 있으니까 되게 애가 놀랐는지…, 어떤 마음이었는지는 모르겠는데. 옆에서 엄마 옆에 자자고 오라고 하니까 애가 들어와서 처음에는 막 신나가지고 오더니만은 옆에 애기가 누워 있으니까 딱 쳐다보고 그냥 나가버리는 거예요. 그러면서 나 외삼촌이랑 같이 잔다고 그러면서 가더라고. 그때는 말도 제대로 못 할 때지만 (웃으며) 그러면서 외삼촌하고 자고 옆에는 오지도 않고…. 거기서 한 달 몸조리를 하고 그러고 서울로 올라왔어요, 서울로 올라왔는데. 그래도 동생은[을] 많이 괴롭힐까 봐 걱정을 했는데 괴롭히지도 않고. 그냥 옆에서 보면은, 옆에 있으면 그냥 이렇게 그냥 들여다보는 거야, 애기 누워 있고 그러면은 그렇게 옆에서 그냥 봐주고.

　　그러면 제가 애가 둘이니까 할 일이 많잖아요. 빨래 같은 거도 애기들 빨래 손빨래 거의 했어가지고, 빨래한다고 동생 눕혀놓고 우유병 물려놓고 오면은 동영이가 그 우유병을 뺏어가지고 지가 [먹고 있고]. (웃으며) 동생이 울어서 가보면 애한테 우유병이 없는 거야(웃음). 나중에 이렇게 보면 옆에서 지가 옆에 이렇게 물고 누워가지고 먹고 있더라고. 그래서 혼내고 했는데 그다음에 또 그런 거예요, 또 그래서 가봤더니만은 혼날까 봐 이불을 뒤집어쓰고 우유병을 빨고 있더라고, 동영이가. 그래서 (한숨을 내쉬며) 참 혼내기도 그렇고 너무 안쓰럽고 애가 동생이 너무 일찍 태어나다 보니까 많이 사랑도 못 받을 거 아니에요, 그래서 동영이 우유병을 못 뺏겠더라구. 그래서 같이 그냥 우유병 같이 누워서 빨고 그렇게 자랐는데….

5

안산 생활 시작, 분식집 운영

면담자   그러다 언제 안산으로 내려오신 건가요?

동영 엄마   안산은 동영이 5살 때 안산으로 왔어요. 그때 아빠가 직장이 화성 쪽에 직장을 다녀가지고, 서울에서는 차도 밀리면은 시간이 많이 걸리잖아요. 그래서 직장이 이쪽에 있는 것도 그렇고 그때 당시에 애들이 태어나는 무렵이 IMF 때 그때라서 사실 안 좋았었어요. 서울에는 전셋값도 갑자기 오르고 그래서 집 문제도 있고 아빠 직장 문제도 있고 해가지고 안산으로 이사를 왔거든요.

면담자   왜 안산으로 하셨나요? 화성으로 가실 수도 있는데.

동영 엄마   저희 시누가 안산에 있어요, 지금도 안산에 있고. 인천에서 살다가 안산으로 이사를 와서 떡집 지금도 하고 계시거든요. 서울에 있으면서도 누나니까 한 번씩 애들 데리고도 왔다 갔다 하고, 그러다 보니 서울 외에는 제가 경기도 쪽은 아는 데가 없어요. 아는 데도 없고 그래도 안산에 형님이 있으니까 아무래도 의지할 사람이 있잖아요, 다른 데 가면 아는 사람도 아무도 없는데. 그래서 안산으로 이사를 하게 됐어요, 계기가.

면담자   알겠습니다. 4·16 참사 이전에 어머님은 분식집을 언제부터 하시게 된 건가요?

동영 엄마   분식집은, 애기들 어렸을 때 아빠가 사업을 하다가 안됐어요. 그래 가지고 좀 힘든 상황이어서 하루 종일은 일을 못 하고,

애들이 어리니까 동네에서 저녁 시간만 몇 시간 알바로 제가 했었거든요. 그렇게 하다가 다른 데서도 조금씩 하고 그렇게 하면서 나중에 애들이 커나가고. 그때 마침 [가게] 자리가 났었어요. 그 동네가 살던 동네라 그렇게 멀리 안 나가도 되고 애들도 챙길 수 있고 그래서 일단 그게 괜찮은 것 같아서 하게 [됐어요].

면담자　　　그럼 고잔동에서 하게 되신 건가요?

동영 엄마　　아니요, 와동. [일하면서] 애들을 챙길 수 있으니까 그래서 분식집을 시작하게 됐거든요. 하면서, 그쪽이 시내 쪽이 아니라 동네다 보니까 배달도 있어야 되고 해서 아빠도 같이 배달하면서 식당을 하게 됐어요.

면담자　　　식당은 몇 년 전부터 시작하셨나요?

동영 엄마　　한 5년, 사고 나기 한 5년, 6년?

면담자　　　2010년도 들어와서 시작하신 건가요?

동영 엄마　　그 정도, 아니 그 전에.

면담자　　　동영이 몇 학년 때부터 하셨는지 혹시 기억나세요?

동영 엄마　　애들 초등학교 5학년 땐가? 그때부터 했었던 것 같아요.

면담자　　　분식집은 많이 힘들진 않고 잘되셨나요?

동영 엄마　　(한숨을 내쉬며) 분식집은 힘들죠, 일이 많아요.

면담자　　　장도 많이 봐야 되고.

동영 엄마   네네, 그래서 시장 보는 거는 아빠가 대부분 해주고 저는 거의 주방 일을 하고. 그런데 애들을 챙기기 위해서 일을 시작을 한 건데 막상 일을 해보니까 일이 너무 많고 시간이 너무 없는 거예요. 오히려 생각보다는 애들을 많이 못 챙겨줬어요. 그리고 제가 그 동네서 한 10년? 10년 정도를 살다 보니까 아는 사람들도 많고. 그런데 의외로 진짜 애들 같은 경우에는 배고프다고 오면은 집에서 같으면 뭘 사다가 맛있는 거, 애들 입맛에 맞는 걸 해주겠는데 그 일을 하다 보니까 제가 너무 일에 치이는 거예요, 나중에. 힘도 들고, 애들이 뭐 먹고 싶다고 하면은 그냥 간단하게 할 수 있는 거? 돈까스 같은 거 튀겨주고 김밥 싸주고 그런 걸로 많이 먹였고, 한 번씩 제가 해주기도 했지만. 좀 먹고 싶다 그런 거를 많이 못 해줬어요. 저녁에 일 끝나고 나면은 저도 피곤하고 그래서 오히려 (한숨을 내쉬며) 애들한테 더 미안해지더라고 나중에는.

면담자   주말에도 계속 가게 하셨나요?

동영 엄마   네. (면담자 : 일주일 내내?) 아니, 한 달에 한두 번 정도 [쉬었고] 열심히 살았어요, 진짜(웃음).

6

보통의 일상, 아이와의 에피소드

면담자   평일에 보통 어떻게 하루 일과를 보내셨는지? 몇 시에 기상을 하셨는지부터 말씀해 주실 수 있으세요?

동영 엄마 　　　어, 저는 가게[를] 하다 보니까 시간이 그렇게 남들처럼 시간을 할애를 많이 못 하잖아요, 거기에 얽매여 있어야 되고. 그래서 아침에 한 8시 정도? 애들 7시? 8시? 이때쯤 돼서 일어나면 저녁에 한 8시 거의 9시까지 거의 영업을 저희들이 했었거든요. 하고, 마무리하고 나면은 거의 10시가 넘어요. 저희들이 거기서 살면서도 이사를 한 번 한 게, 안산 와동 쪽으로 이사 가면서 저희들이 빌라를 하나 구입을 해서 갔어요. 해서 갔는데 가게 하면서 가게 옆으로 집을 옮기려고 하다 보니까 그때 당시에는 넓은 데 살다가 방을 구하는데 방이 없더라고요. 요즘에는 거의 월세로, 그때 당시에도 월세가 너무 많아가지고 전세 구하기도 힘들고 그래서 이사를 했는데 일단 가게 옆으로 옮겼는데 집이 너무 작은 거지. (웃으며) 지금 방 두 칸짜리로 왔거든요, 조금만 그냥 살다가 나중에 옮겨야지 [하고].

면담자 　　　아이들이 둘이라서 너무 힘드셨겠다.

동영 엄마 　　　애들이, 저는 애들을 참 편하게 키웠다고 생각을 하거든요? 둘 다 제가 잘 키워서 그런 게 아니라 애들이 잘 커줬다고 저는 생각하거든요(웃음). 크게 일을 많이 도와주고 이것보다는 그래도 엄마가 신경 안 쓰이게 아이들이 어릴 때부터도 그렇게 자라줬고. 연년생이잖아요? 둘이 친구처럼 너무 잘 자랐어요. 엄마가 없어도 둘이서 놀으니까 심심하지도 않고 하는 생각도 똑같고 노는 방법도 똑같고, 연년생이니까 똑같잖아요. 공감하는 게 똑같으니까 애들이 너무 잘 노는 거예요.

면담자 　　　아들과 딸인데도 그렇게 비슷한가요?

동영 엄마   네. 동영이가 성격이, 애들이 막 오빠라고 남자라고 하는 게 아니라 동생하고 많이 이렇게 잘 어울리면서 놀아주거든요. 뭐라고 해도 동생을 때리는 법도 없고 그렇게 해서.

면담자   찬찬스러운 스타일인가 보죠?

동영 엄마   네, 제가 동영이가 어렸는데도 남자아이다 보니까, 나중에 생각해 보니까 그렇더라고, 동영이한테 저도 모르게 의지를 많이 했었던 것 같아요. 어디 나가도 딸아이 혼자 있으면 사실 불안하잖아요, 어디 잠깐 볼일을 보러 나가도. 그러면 동영이가 있으면은 걱정이 안 되는 거예요. 제가 나갔어도 동영이하고 ○○이랑 둘이 같이 있으면은 걱정이 안 되더라고. 그러니까 어떻게 지 책임감도 일찍부터 느끼지 않았나 그런 생각도 드네요(웃음).

면담자   네, 그럼 아침에는 일어나서서 집에서도 아이들 식사 준비를 하세요?

동영 엄마   아니요, 그냥 가게서 거의 먹고 밥 같은 거도 거기서. 그래서 제가 가게 옆으로 이사를 한 게 그래서 이사를 했거든요. 두 집 살림은 사실 너무 힘들잖아요, 힘들어서 밥도 가게서.

면담자   먹고 애들이 학교 가고?

동영 엄마   아침에는 제가, 집에서 애들 먹을 거는 가게서 준비해 놨다가 아침에는 애들 먹여서 보내고. 제가 많이 힘들고 그럴 때는 그 시간에 못 일어날 때도 있어요, 그 시간에 애들 학교 갈 시간에. 그러면은 저기 애들이 스스로 일어나요, 저희 애들은. (웃으며) 스스로 일어나고 알람 맞춰놓고 울리면은 그냥 일어나서 제가 못 일어날 경우에는 씻고 그냥 그러고 학교에 가는 거예요. 깨우지도 않아요.

면담자   둘이 어떻게 같은 학교를 다녔나요?

동영 엄마   중학교 때까지 같은 학교였어요.

면담자   어느 중학교 다녔나요?

동영 엄마   와동중학교. 와동초, 와동중 같은 학교를 다녔어요.

면담자   그럼 고등학교는?

동영 엄마   고등학교는 동영이가 단원고에 갔었고 ○○이는 그 때가 중3이었죠.

면담자   그럼 계속 일 때문에 주말 동안에 가족들이 공원에라도 간다든지 하는 일은?

동영 엄마   아니, 못 했어요. 가게 하면서 많이 다니지도 못했고 기껏 해봐야 애들하고 맛있는 거 먹으러 가자 해서 나가서 맛있는 거 먹고. 애들이 저희들이 어렸을 때부터 외식을 하면 2차로 노래방을 가요(웃음).

면담자   어머니도 합창단 하신다더니 다들 노래를 좋아하나 봐요?

동영 엄마   아빠도 노래 부르는 것도 좀 [좋아해요].

면담자   동영 아버님도 합창단 하세요?

동영 엄마 　　　아니요, 근데 좋아해요. 그런 데 가서 노는 거를 좋아해서 저녁때 밥 먹고 나면은 항상 어릴 때도 노래방을 갔었거든요. 그러고 안 가면은 애들이 이상한 거야, 어떤 때는 "아우, 피곤하다. 그냥 들어가자" 그러면은, [집에] 들어가고 싶어서 아무 얘기도 안 하고 걸어오면 "엄마, 2차 가야죠" 이래(웃음). "다음에 가면 안 될까?" 그러면 "저희들 2차가 노래방인데, 2차 갔다 가야죠" 그래서 가서 그렇게라도 애들한테 맞춰줄 수밖에 없으니까, 제가 힘들고 그럴 때도 한 번씩 같이해 주고. 많이 힘들고 그럴 때는 "엄마 못 가. 너무 힘들어 지금. 아빠하고 갔다 오라고" 그러면 아빠하고 셋이 갔다 오고.

면담자 　　　그럼 가족끼리 여행을 가시거나….

동영 엄마 　　　여행도 거의 못 다녔어요.

면담자 　　　가게 때문에 그러셨죠?

동영 엄마 　　　네, 가게도 그렇고 애들 어렸을 때도 저희들이 집이 시댁이 진도잖아요. 그럼 휴가 같은 경우에도 그때 시어머니가 시골에 계시니까 휴가 때….

면담자 　　　동영 아버지가 몇 째세요?

동영 엄마 　　　장남이에요. 그래서 휴가철 다가오면은 미리 전화가 와요. 전화가 와가지고 휴가 때 내려올 수 있냐고 물으시는데 그거를 거절을 못 하겠더라고, 어머니 혼자 계시니까. 〈비공개〉 전화하면 "아, 네, 그냥 갈 수 있으면 갈게요" 그러고, 휴가 때도 시댁으로 대부분 내려가고.

면담자   매해 휴가 때마다 진도에 가는 걸로?

동영 엄마   휴가도 거기서 보내고. 〈비공개〉 휴가는 그런 식으로 보내고 해서 애들하고 여행도 많이 못 다니고, 한 번씩 몇 번 갔다 오기는 왔는데 가도 가까운 데 계곡 같은 데 가서 1박 2일로 해서 잠깐 놀다 오고 그냥 그 정도로밖에 못 했어요. 지나고 나니까 진짜 애들하고 먹고산다고 저는 한 건데⋯ 애들 위해가지고 나중에 고등학교 가고 대학교 가고 그러면은 돈 들어갈 일도 많고 그래서 열심히 살아보자고 한 건데 이렇게 되고 나니까 추억이 너무 없는 거예요⋯, 그게 속상해.

면담자   동영이 생각하면 가장 잘 떠오르는 일화나 장면 이런 거 있으면 이야기해 주세요.

동영 엄마   그런 거는 크게⋯ (면담자: 행복했던 기억 이런 거 있잖아요) 애들이 제가, 제 아이라고 해서 애가 잘 자랐다고 말하는 게 아니라 초등학교 입학하면서도 선생님들한테도 고등학교 때까지도 진짜 이쁨만 받고 다녔거든요. 학교생활도 한 번도 신경 쓰게 해본 적이 없고, 학교에 한 번씩 가면 선생님들이 우리 동영이는 진짜 걱정 안 하셔도 된다고 너무 수업 태도도 너무 좋고 진짜 손 댈 데가 하나도 없는 애라고 항상 그런 말만 그냥 들었어요, 학교에 찾아가고 그러면은. 그래서 크게 에피소드나 이런 거는 없는데 5살 때인가? 저희가 안산 이사 와가지고 한참 애들이 게임기에서 뽑기 하는 게 있어요, 구슬 같은 거 동그란 거 그 속에 뭐가 들어 있잖아요. 애들이 그거를 재미를 들여가지고 아침에 눈 뜨자마자 그 슈퍼로 가는 거예요.

 "엄마, 100원만 주세요. 얼마만 주세요" 해가지고 하고 오면은 조금 있다가 또 가고 싶으니까 하루에 몇 번씩 거기도 왔다 갔다 하고. 그러다가 하나 아침에도 눈뜨자마자, 제가 눈을 뜨니까 "엄마, 100원만 주세요" 그러더라고. "아우, 엄마 돈 없어" 그랬어요. 그랬더니 그냥 나가더라고? 나가더니 나중에 제가 슈퍼에 사러 갈 일이 있어서 봤더니만, 아저씨가 아줌마하고 웃는 거예요. "아침부터 집에 아들 때문에 우리 배꼽 잡았다"고, "무슨 일이냐"고 그랬더니 와 가지고 제가 돈을 안 주니까 슈퍼 가서 그 아줌마한테 "저 500원만 빌려주세요" 그랬대(웃음). 아, "100원만 빌려주세요" 그랬다 그래, 100원을. 아니 엄마한테 돈을 달라 그러지 "100원만 주세요" 하더래, 100원만 빌려달라는 게 아니라. "엄마한테 돈을 달라고 해야지, 왜 아줌마한테 와서 돈을 달라고 해?" 그랬더만 "저희 엄마는요, 10원짜리밖에 없대요" (웃으며) 그래 가지고 너무 그때도 그런 기억도 나고. 초등학교 다니고 할 때도 그게… 글쎄요. 그런 에피소드 같은 거는 없는 것 같아요, 없고. 고등학교 가서 이거는 뭐 에피소드라기보다는….

면담자　　　결혼기념일 때 동영이가 선물을 줬다는 이야기도 들었던 것 같아요.

동영 엄마　　어, 결혼기념일 가면은[되면은] 꽃을 사가지고도 오고, 꽃 사가지고 오고 어버이날 같은 때 되면은 그래도 꽃하고 카드하고 해서. 그냥 숫기가, 애가 마음은 있는데 표현을 자연스럽게 못 해요.

주면서도 쑥스러워 갖고 (웃으며) "결혼기념일 축하드립니다" 그러면서 그냥 주고 나가고, 커서도 그렇게 했거든요.

면담자   그 성격은 누굴 닮은 건가요?

동영 엄마   성격은 동영이는 저를 많이 닮은 것 같아요. 그러고 얼굴형은 아빠가 갸름하거든요? 저는 얼굴이 둥그랗잖아요. 얼굴형은 아빠를 닮고 이목구비는 저를 닮고, 성격이 동영이는 저를 닮고 딸아이 같은 경우에는 성격이 아빠를 닮았어요. 둘이 맨날 아빠하고 딸하고 둘이만 잘 통한다고 제가. 근데 동영이가 성격이 유순했다고 해야 되나? 〈비공개〉

면담자   참, 동영이가 이렇게 타고난 성격이 그런가 보네요.

동영 엄마   고등학교 1학년? 2학년 아마 되고 얼마 안 돼서였을 거예요. 학교를 동영이가 초등학교 때도 그렇고 중학교 때도 그렇고 거의 9년이잖아요, 9년 개근을 했어요.

면담자   초등학교 때부터 고등학교 때까지요? 한 번도 안 빠지고?

동영 엄마   네.

면담자   아픈 적도 없고? 튼튼했나 봐요?

동영 엄마   아프면은, 아픈 적이 없지는 않았죠. 제가 애들이 학교를 빠지면은 이게 습관적이 될 수 있을 것 같아서, 아파도 일단 많이 아프면은 어쩔 수 없는데 그 정도까지는 아픈 일이 없었으니까. 애들이 열도 많이 나고 감기에 걸리거나 아프고 그럴 때는 학교에 가서 제가 조퇴를 하고 오라고 그랬어요. "결석은 하면 안 되니까 너가 학교에 가서 정 못 견디면은 선생님한테 얘기를 하고 조퇴를 하고 와라" 그리고 저기 보내면은 동영이 같은 경우에는 거의 학교 가면은 "애가 안 아픈가?" 기다려도 안 오고 하더라고. 거의 학교 수업을 다 채우고 그리고 와요. 괜찮았냐고 하면[물으면] 처음에는 아팠는데 참으니까 괜찮아서 그냥 수업 다 하고 왔다고 그래서.

면담자   동영이가 무슨 불만을 얘기하거나 화를 내거나 그런 적은 없었나요?

동영 엄마   그런 화나고, 아무래도 아무리 착하고 해도 하면서[크면서] 엄마하고 안 부딪히는 적은 없잖아요.

면담자   그죠, 사춘기도 있을 거잖아요.

동영 엄마   근데 사춘기도 너무 수월하게 잘 넘어갔고 그리고 제가 동영이한테 혼냈던 게 컴퓨터 때문에. 애들이 남자애들이다 보니까 게임을 많이 하잖아요, 게임에 한번 빠지면 학교 안 가는 날은 새벽까지도 잡고 있고 그리고 오전에는 거의 못 일어나죠. 그러면 오후에나 돼서 일어나고 그런 것 때문에 제가 혼내고 했었는데, 그냥 혼낸다고 해서 저한테 달려들고 하는 게 아니라, 그냥 만약에 밖에 나갈 일 있으면 화가 나면은 나가요. 나가는데 문 닫는 소리가 들리지. '쾅!' 닫고 그렇게 하고 나가거든.

면담자   대들거나 그런 건 없고요?

동영 엄마   어, 그런 건 없어요. 그리고 있지, 사춘기도 너무 잘 넘어가 줬고 표시가 안 났어요.

면담자   소위 말하는 나쁜 친구를 사귀거나 이런 것도 없고요?

동영 엄마   네, 없었어요. 친구들이 애들이 다 나중에 알고 보니까 다 착한 애들이더라고. 지가 친구를 사귀는 면에서도 이게 자기 눈에도 '어 얘는…' 그런 어떤 행동들이 눈에 띄었을 때 아니다 싶으면은 그렇게 친하게는 안 지내는 것 같아요. 고등학교 그때 1학년, 2학년 되고 얼마 안 돼서 동영이가 그때 늦잠을 잤거든요. 늦잠을 자서 학교를 가야 되는데 늦잠을 잤으니까 부랴부랴 머리 감고 해서 그냥 나갔는데, 저녁에 와서 "엄마, 저 바지 좀 보세요" 그래. 그래서 봤더니 무릎이 바지가 다 찢어진 거야 "헤! 어머 뭐냐"고 바지를 벗었는데 보니까 붕대를 다 감고 있는 거예요, 무릎에. 그래서 무슨 일이냐고 그랬더니 아침에 뛰어가다가 넘어졌대, 턱에 걸려서. 넘어져서 손바닥도 까지고 여기 팔꿈치도 까지고 바지가 찢어질 정도 되면은 애가 가볍게 넘어진 건 아니잖아요. 그래서 그 상태로 학교까지 그냥 갔대더라고. 그래서 학교 보건실 가서 거기서 치료받고.

면담자   뼈가 다치거나 이렇지는 않았어요?

동영 엄마   네, 그러지는 않았더라고. 그게 화가 났던 게 애가 융통성이 없다는 생각이 들더라고요, 그 정도 다치고 했으면은. 그게 넘어진 게 집 앞에서 넘어진 거야, 집 앞에서 넘어졌는데 그 소리를 들으니까 화가 나는 거예요. "집 앞에서 넘어졌으면은, 학교 다 와서 넘어졌으면 어쩔 수가 없는데 집 앞에서 넘어졌으면 그럼 집에 들어와서 엄마한테 얘기하고 병원에 가서 치료받고 선생님한테도 전화

드리고 그러고 가도 되지 않냐"고 "어? 그런 생각도 못 하냐"고 제가 그랬어. 그랬더니 "엄마, 이 정도 가지고 선생님한테 전화해서 학교 못 간다고 얘기하는 게 싫"대요. 그래서 그냥 갔다고 그러는데 너무 속상하기도 하고 화도 나고 사실 그러더라고(잠시 침묵 후 울음).

아이의 장래 희망, 교육관

면담자　　　　동영이가 어떤 사람이 됐으면 좋겠다고 생각하셨는지, 그리고 그걸 위해서 엄마로서 뭘 해줘야겠다고 생각하셨는지 말씀해 주실 수 있을까요?

동영 엄마　　　어렸을 때는 동영이가 그림도 잘 그렸었거든요. 그림도 이렇게 애니메이션? 애니메이션을 보고 그리는 거는 진짜 똑같이 그려요, 그림도 어렸을 때는 잘 그리고. 피아노도 한 1년 동안 배웠지만은 피아노도 적응력이 빠르다고 해야 되나요? 이렇게 시키고 가르치고 하면은 너무 쉽게 적응을 하니까 제가 사실 신경 쓸 게 없더라고. 피아노 같은 경우에도 처음에는 동영이가, 제가 손가락이 저도 짧거든요. [동영이도] 저 닮아갖고 손발도 좀 크지도 않고 손가락도 좀 짧은 편인데 "어이구 손가락도 짧아 가지고 피아노 치기 힘들겠다. 너 손가락 다 찢어지겠다" 그렇게 얘기를 했어요, 했는데. 피아노학원 선생님이 동영이 피아노 치는 거 보면 "건반 위에서 손가락이 뛰어다닌다"고 손가락이 짧은데 애가 안 닿으니까 '따당' 이렇게 하는데 "근데도 너무 빨리 배우고 잘 치고 해서 너무 이쁘다"고 그러시더라고.

어렸을 때는 그 미술 쪽으로 조금 생각을 했었어요. 그림을 잘 애니메이션을 잘 그리는 걸 보면은 진짜 초등학교 입학하기 전에 그린 건데도 섬세하게 잘 그렸더라고. 아빠 후배도 미술과를 나왔는데 보더니만 동영이 그쪽으로 키워주라고 그렇게 했는데 사실 돈도 많이 들고(웃음). 그래서 어렸을 때는 연습장이든 흰 종이만 있으면 그림을 그렸던 것 같아요.

면담자   혹시 어머님, 아버님 중에 미술 쪽에 재능이 있으셨나요?

동영 엄마   저는 전혀 없어요(웃음). 근데 몰라 동영이는 누구 닮았는지 모르겠는데 잘 그리더라고. 아빠도 그쪽으로 별로거든요? 그래서 그렇게 하다가 그냥 학교 다니면서 애가 공부도 그래도 잘하는 편이었고 학원을 거의 안 다녔어요. 그 학원도 미술하고 음악하고 어렸을 때 다니고 크면서는 학원을 가기 싫다고 하더라고. 그래서 집에서 초등학교 때는 학습지로 영어하고 수학하고 공부를 하고 했는데 수학 같은 경우에도 그걸로만 하다 보니까 서술형은 애가 좀 약한데 연산은 너무 잘하는 거예요, 그래 가지고 선생님이 놀랄 정도로. 한 번 가르쳐주면, 두 번만 가르쳐주면은 애가 그대로 다 푸니까 선생님도 "진도 너무 빨리 나간다"고 해서 그러셨고 공부도 그렇게 그냥 하고 그러니까 굳이 지가 학원을 안 다닌다고 그래서 학원도 보내주지도 않았고.

나중에는 집에서 공부를 하면은 아무래도 시끄럽잖아요, 집중이 안 되니까. 독서실이라도 끊어서 가라고 "엄마, 저 독서실 체질이 아니라서 독서실 같은 데 가서 공부를 못 한"대, 공부를 하면은 집에서 하는데도 귀에다가 이어폰 꼽고 음악을 들으면서 공부를 해요. 그리고 책상에 물론 앉아갖고 할 때도 있지만은 아니면은 그냥 바닥에서 뒹굴뒹굴 굴러가면서 하거든요. 그렇게 해서 공부가 되는지 "너는 무슨 공부를 그런 식으로 하냐"고. "어? 제대로 앉아가지고 책상에서 제대로 공부하라"고, "그게 머리에 들어가겠니?" 그러면 "엄마, 저는 이렇게 해야 머리에 들어간다"고 (웃으며) 그렇게 공부를 하는데도 너무 신기하게 애가 그렇게 [잘했어요].

면담자　　　동영이가 공무원 되고 싶다고 그랬었죠?

동영 엄마　　네, 그게 처음에는 애들 어렸을 때 꿈은 수시로 변하잖아요? 중학교 3학년 그때부턴가? 처음에는 대기업 쪽으로 삼성을 생각을 하고 있었고 그쪽으로 해서 관리직이나 이런 쪽으로 들어가면 괜찮잖아요. 근데 어느 정도 지가 크고 나서는 '아, 현실이 이게 아니구나' 하는 걸 깨닫지. 친구들하고도 그런 얘기를 애들이 많이들 하나 보더라고. "삼성 같은 경우에는, 엄마, 들어가기가 너무 힘들대요. 일반 공부 하는 것보다도 거기가 만만치 않다고 그러더라고" 그래서 그냥 공무원으로. 처음에는 많이 갈등도 하고 '뭘 해야지 뭘 해야지' 혼자서 고민을 했던 것 같아. 그러다가 나중에 결혼해서도 그렇고 안정적인 게 애들이 공무원이니까 그쪽으로 고등학교 가서 그쪽으로 굳혔는 것 같아요. 고등학교 가서는 공무원 시험 나중에 볼 거라고.

면담자 그럼 어머님은 동영이가 특별히 뭘 했으면 좋겠다는 거는 없으셨고 그냥 원하는 거 했으면 하신 거네요?

동영 엄마 네, 저희들은 지금도 동생한테도 그러거든요. 근데 제일, 그 공무원이라는 직업을 택하는 것도 우리 사회가 그렇잖아요. 그게 지금 와서 생각을 해보면 애들이 꿈을 쫓아서 지 하고 싶은 일을 하면은 되는데 그때도 생각을, 애들이 그런 생각을 했던 것 같아요. 나중에 월급 같은 거 수입 이런 거를 애들이 먼저 생각을 한 것 같아요. '여기가 안정적이니까 가면은 얼마 정도 벌 수 있고' 이것까지도 다 알고 있더라고. 그렇게 하니까 다른 데보다 회사 같은 데보다는 공무원이 안정적이고 월급 꼬박꼬박 나오고 정년퇴직 때까지는 그냥 일을 할 수가 있으니까, 꿈보다는 애들이 돈을 먼저 쫓아 본 것 같아 가지고 그게 그렇죠. 이 사회가 전반적으로 지금 청소년들도 다 마찬가지잖아요. 일단 꿈보다는 안정적인 걸 먼저 쫓아가는 것 같아서 이런 것도 변했으면 좋겠어요, 진짜.

면담자 그럼 단원고를 가게 된 거는 어떻게 해서 결정하시게 된 건가요?

동영 엄마 단원고는 동영이가 택한 거죠. 저희들이 처음에는 강서를 가라고 했거든요. 내신이 안 되는 것도 아니고 어차피 애네들 때부터가 저거였잖아요. 아, 생각이 안 나네…. 평준화, 애네들 때부터 평준화가 돼가지고 안 그랬으면은 평준화가 안 됐으면은 아마 강서 쪽으로 갔을 건데 평준화가 되고 하다 보니까 애들이 그게 부담을 안 갔더라고요. 공부 그래도 그쪽으로 공부할 수, 하는 그런 학교 래든가? 일단은 안산에서 강서라고 그러면은 그쪽은 애들이[을] 학교에서도 자꾸 가르치는 편이고 선생님들이, 그래서 그쪽으로 갔으면은 했었거든요.

애기를 했더니 "엄마, 지금은 우리부터는 평준화가 됐기 때문에 그게 필요가 없"대는 거예요. 그게 필요가 없고 어차피 공부를 평준화가 됐기 때문에, 학교를 공부를 잘하는 애들만, 내신이 되는 애들만 가는 게 아니라 내신이 안 되는 애들도 어차피 그 학교를 가면은 수업하는 분위기는 똑같다고 그러면서 그냥 처음에는 강서를 애기를 하다가도, 강서 같은 경우에는 선생님들이 공부를 하는 애들을 잡고 가르치잖아요, 평준화가 됐어도. 근데 그런 게 있으니까 어떻게 보면 그런 게 싫다고 하더라고. 지는 지 스스로 이렇게 하는 게 좋지 얽매이는 걸 어떻게 보면 되게 싫어했던 것 같아요. 그래서 친구가 7반에 현섭이라는, 서현섭이라는 친구가 있거든요? 걔랑 한동네 살았고 걔랑 친하게 지냈고 그러다 보니까 걔 따라서 단원고를 간 것 같아. "단원고 가자" 그러니까 그냥 그래서 따라간 것 같더라고요, 나중에 친구들 애기 들으니까. 굳이 단원을 간다고 하더라고. 〈비공개〉

면담자　　　한국 사회에서는 입시가 고등학생들에겐 가장 중요한 문제잖아요. 입시 준비나 이런 거에 대해서는 어떤 생각을 하셨나요?

동영 엄마　　동영이가요?

면담자　　　아뇨, 어머님께서.

동영 엄마　　아, 제가? 저는 그냥 애들 생각하는 대로. 저희들은 항상 얘기를 했거든요. 평소에도 "엄마, 아빠는 공부를 하라고 강요 안 한다" 너희들이 하기 싫으면 하지 말라 그랬어요, 저희들은 하기 싫으면 하지 말고. 어차피 이거는 너희들 인생이니까 너희들이 생각을 잘해서 결정을 하되 뭐가 필요하다고 하면은 그것까지는, 그 정도는 지원은 해줄 테니까 엄마가 이거 해라 저거 해라 그런 얘기보다는 "일단은 너희들이 좋아하는 걸 해라" 말로는 그렇게 하죠, 좋아하는 걸 하라고 그러는데. 막상 애들이 부모들이 사는 걸 아마 보잖아요. 부모들이 사는 걸 보고 애들이 왜 돈의 필요성을 왜 못 느끼겠어요 (웃음).

면담자　　학원을 다니란 얘기 같은 것도 안 하셨어요?

동영 엄마　　학원을 다니라고 했는데 안 다닌다고 했었죠.

면담자　　그럼 학원 하나도 안 다녔나요?

동영 엄마　　네네, 학교에서 거의 야자하고 그래서 학원도 안 다니고 했는데, 제가 성적이 아마 나빴으면은 학원을 억지로라도 해서 보냈겠죠? 보냈는데 성적이 학원을 안 다니고 하는데도 그냥 공부는 잘했어요.

면담자　　성적은 어느 정도였나요?

동영 엄마　　거의 상위권에 그냥 들었었거든요. 1학년 때 컴퓨터가 저희들이 고장이 나고 너무 게임을 많이 해서 제가 6개월 동안 컴퓨터를 안 사줬어. 그랬더니만은 나중에는 PC방 가가지고 친구들하고 만나서 하고 오고 하더라고. 그렇게 하고 오는데 "너 게임할 것 같으면은 컴퓨터 앞으로도 안 사준다"고 그랬더니 안 되겠나 보죠? 지도 필요하니까 게임도 해야 되고 "엄마, 내기를 하"재요, "무슨 내기를 해?" 그랬더니 "제가 이번에 공부를 해가지고 전교 17등 안에 들면은 컴퓨터를 사주시는 게 어때요?" 그러더라고.

면담자　　　어떻게 딱 17등을 얘기했어요?

동영 엄마　　그러니까 그거를 왜 얘기를 했는지 모르겠어요. 지 위에 애들을 체크를 하고 말을 한 건지.

면담자　　　반이 10개 있잖아요, 그죠?

동영 엄마　　네, "그래? 그러면은 너가 그렇게 얘기를 했으니까, 그럼 17등 안에 들어봐. 그러면 엄마가 컴퓨터를 사줄 테니까. 대신 컴퓨터를 사줘도 게임만 그것만 [하지 말고] 컴퓨터를 이용을 해서 공부도 하고 해야지 게임만 하는 거는 그거는 엄마가 용납을 못 한다" 그랬더니 알았다고 그러더니만 공부를 집에서는 그렇게 열심히 하는 것 같지 않더라고요. 근데 학교에서 아마 야자까지 하고 오다 보니까 학교에서 열심히 했는지는 모르는데, 어떻게 딱 17등이 돼서(웃음).

면담자　　　딱 17등이었어요? 거의 점쟁이 수준이네요.

동영 엄마　　그래 가지고 성적표를 "엄마, 저 17등"이라고 하길래 "어, 그래? 그래도 열심히 했나 보네" 그러고.

면담자　　　그 전에는 17등보다는 조금 못했나요? 한 20등 정도 했나요?

동영 엄마　　　네, 이십몇 등 이렇게 한 것 같애. 그래서 컴퓨터를 약속을 했으니까 사줬죠, 사주고.

면담자　　　동영이가 공부를 엄청 잘했군요?

동영 엄마　　　그렇게 하다 보니까 저희, 제가 애들 공부하는데도 이렇게 강요도 거의 저는 안 하는 편이거든요. 스스로 애들이 알아서 어렸을 때부터 그래서 그런지, 그런 짐을 제가 많이 안 지고 살았어요. 다른 집 애들에 비하면은 "공부해라 해라" 소리 안 하고 그러니까. 주위에 얘기를 하면은 동생들[이라서], 거의 제가 또래 [아이] 엄마들 중에서는 나이가 많잖아요, 그래서 "언니는 동영이가 공부를 그렇게 하니까 신경을 안 쓰지. 어, 우리 애들 같아 보라고. 어떻게 신경을 안 쓸 수가 있냐고" 그렇게 얘기를 하더라고. 그런 거는 짐이 하나도 안 되게 그렇게 했어요.

8
참사 이전 투표 경험

면담자　　　그 전에 주로 사회관계는 어떻게 하셨나요? 친구나 이웃이나 아니면 종교 활동 어떤 걸 하셨나요?

동영 엄마　　　거의 이웃이고 직장생활 하면서 직장 같이 다니는 사람들이 대부분이죠.

면담자　　　종교는 없으셨고요?

동영 엄마   네.

면담자   투표 같은 건 꼬박꼬박 하셨나요?

동영 엄마   투표는 했죠. 아빠가 전라도잖아요, 전라도 사람들이 투표가 철저하더라고. 선거 때만 되면은 철저해요. 진짜 결혼해 가지고 저도 놀란 게 저는 그냥 하면 하고 말면 말고 그냥 이거였는데, 아빠 같은 경우에는 투표 날 되면은 아예 새벽에 일찍 일어나 가지고 아예 다 씻어요(웃음). 씻고 6시만 되면 나가, 투표하러 가서 투표하고 오고. 저는 새벽에 제가 일찍 못 일어나고 애들도 있고 그러니까, 그래서 저는 오후에 주로 가서 하고. 안 가면 혼나거든요, 가서 투표하고 오라고.

면담자   이거는 질문지에 있는 건 아닌데, 예전에 우리나라에서 영남, 호남 지역갈등 같은 게 많이 있었잖아요? 투표 때든지 이런 걸로 혹시 부부간에 갈등이 있으시거나 아니면 무슨 에피소드가 있거나 그런 게 있으셨나요?

동영 엄마   아, 갈등은 없고 투표하러 갈 때 아빠가 그러거든요. "가가지고 이번에 누구 찍어라" 이런 얘기를 하고 가요. 그러면 "어, 알았어" 투표를 하고 오면은 누구 찍었냐고 "아, 그럼 신랑이 시키는데 그럼 시키는 사람 찍어야지" 그렇게 하거든요, 그 당시에는 얘기를 안 해. 혹시나 화낼 일은 아니지만은 그게 또 트러블이 될 수도 있잖아요. 그러면은 한참 한 1년이나 지난 뒤에 얘기하지. 친구들하고 얘기하면서 투표 얘기 하다 보면 그 얘기가 쓸데없이 또 나오더라고. 얘기를 하고 그러면 "거봐, 내가 그럴 줄 알았다"고 아빠 찍는 사람은, 아빠 찍는 사람하고 저 찍는 사람하고 항상 반대였으니까(웃음).

면담자	그렇군요. 그러면 오늘은 여기까지 말씀 듣겠습니다.
동영 엄마	네, 괜찮습니다.
면담자	오늘 말씀 잘해주셔 가지고 감사드려요.
동영 엄마	제가 두서가 없어서.
면담자	아니에요, 너무 말씀 잘해주셨어요.
동영 엄마	수고하셨습니다.

2회차

2017년 2월 14일

1
시작 인사말

면담자   본 구술증언은 4·16 사건에 대한 참여자들의 경험과 기억을 기록으로 남김으로써 이후 진상 규명 및 역사 기술에 기여하고자 합니다. 지금부터 이선자 씨의 증언을 시작하겠습니다. 오늘은 2017년 2월 14일이며, 장소는 안산시 단원구 정부합동분향소 내 기독교방입니다. 면담자는 이현정이며, 촬영자는 박은수입니다.

2
수학여행 준비

면담자   우리가 지난번에 4·16 이전의 삶에 대해서 여쭤봤었구요. 오늘은 수학여행 준비부터 먼저 여쭤보겠습니다. 수학여행 출발 전에 동영이와 여행에 대해서 어떤 이야기를 하셨나요?

동영 엄마   출발 전에 제가 그냥 농담으로 그랬거든요. "동영아, 수학여행 안 가면 안 돼?" 그랬어요. 그랬는데 "엄마 수학여행이, 지금 고등학교 때 수학여행이 어쩌면 마지막 학교에서 가는 여행인데 빠지면 그렇잖아요" 그냥 그렇게 얘기를 하더라고. 그래서 전날 저녁에 준비물 같은 거 애들 간식 이런 거를 같이 마트에 가서 준비를 했어요. 준비를 하고 저녁에 집에 들어와서 씻고 잠자기 전에 수학여행 가서 쓸 돈이 있잖아요. 그래서 지갑에다가 돈을 넣어주고, 그러고 사랑한다고 "동영아, 사랑해" 그러고 제가 한 번 안아줬거든요. 안아주니까.

면담자   아침에요?

동영 엄마   저녁에. 안아주니까 그냥 멋쩍어서 가만히 있더라구. 그래 가지고 "아니, 엄마가 사랑한다고 하는데, 너도 무슨 말을 해야 될 거 아니야. 엄마 사랑해?" 그랬더니만은 "엄마 저도 사랑해요" 그러면서 안아주고. 그래서 애들이 여행을 가면 어른들도 마찬가지고 많이 들떠 있잖아요, 잠을 늦게까지 안 자더라구. 누워서 핸드폰 하고 친구들하고 카톡도 하고 전화도 하고 그러다가 새벽녘에 잠이 든 것 같아요. 자고 아침에 일어나서 제가 가는 배웅은 해줬죠, 나가서 가는데 너무 신나게 갔어요.

면담자   보통 때도 동영이와, 그렇게 "엄마가 동영이를 사랑해" 이런 이야기를 자주 하시나요?

동영 엄마   네, 가끔씩 저는 해줘요.

면담자   다 큰 아들이지만?

동영 엄마   네네, 컴퓨터게임 할 때도 그렇고 제가 뒤에서 많이 안아주고 "사랑해" 얘기도 해주고. 어떻게 보면 대부분 입에 발린 소리 같잖아요, 부모니까 당연히 그냥 내 자식이 이쁘고 그런데. 사랑한다는 그 말도 이후에 생각을 많이 해봤는데 가볍게 얘기한 것도 많고. 근데 애들이 동영이 같은 경우에는 크게 말썽을 부리는 아이가 아니라서 그래서 제가 그냥 있으면 많이 안아주고 하는 편이에요. 그리고 동생이, 동생을 일찍 봤잖아. 터울이 안 져서 어릴 때부터도 제가 그렇게 해줬고. 〈비공개〉 남자애들이 크면은 [안아주는 게] 싫어하잖아(웃음). 그런데도 저는 그게 자연스럽게 그렇게 됐었거든요. 크니까 쑥스러워하고 그러기는 했어도 항상 그래도 같이해 주고 입술에다가 뽀뽀까지도 해주고 그랬어요, 그러면은 또 같이해 주고 저도 그렇게 하고. 아침에 가는 모습 제가 배웅해 주면서 잘 갔다 오라고 인사하고 가서 절대 줄 이탈하지 말고 혼자서 다니지 말고 같이 항상 행동하고 그렇게 하라고 "거기까지 가서 길 잃어버리면은 집에도 못 찾아와" 제가 그랬거든요. 그랬더니 "엄마, 제가 그런 아이처럼 보이세요?" 엄마도 알면서 그런 소리를 하냐고.

애들이 어렸을 때는 물론 이런 학교에서든 어린이집에서든 수련회, 현장학습 가고 그러면은 작은 접촉 사고부터 해가지고 그런 사고들이 많았잖아요. 그래서 어릴 때도 항상 애들이 어디 가면은, 학교에서 어디 가면은 그 차가 학교에 들어올 때까지 제가 불안해서 진짜 마음이 안 놓여서요. 5분, 10분만 늦어도 가슴이 쿵쿵거리고 그래서 차 항상 올 시간 되면은 제가 학교에 가서 그냥 기다리고 그게 한 초등학교 때까지는 그랬던 것 같아요. 그러면서 중학교 가고 애들이 어느 정도 컸으니까 아무래도 자기네들 여행 가서도 컸으니까 알아서 할 거구. 그리고 초등학교 때까지 아무 일 없이 그렇게 다니고 했었으니까, 학교에서 항상 그래서 마음이 놓였었거든요. 마음도 놓이고 중학교 가서는 이렇게 걱정을 크게 하지는 않았어요. 그냥 잘 갔다 오라고 그냥 그렇게 하고 했는데 고등학교 가서 그렇게 되니까.

면담자   아까 가지 말라는 얘기를 하셨다고 그랬는데 그거는 무슨 계기가 있었나요?

동영 엄마   아니 마음이 편치가 않았어요, 그냥 뭔가 모르게.

면담자   예전에도 어디 보낼 때 그런 마음이 드셨어요?

동영 엄마   아니요, 그런 말은 한 적은 없죠. 그냥 조심하라고 항상 주의만 줬고 그랬는데 어딘가 편한 마음이 안 들더라구요. 편한 마음이 없고 한쪽에서는 그냥 안 갔으면, 너무 멀리 가니까 안 갔으면 좋겠다는 그런 생각도 했었고. 그리고 애가 학교 그날 수업을 하고 오후에 학교에서 출발을 했잖아요. 제가 일을 하면서도 "학교에를 한번 가볼까?" 그 생각이 떠나지를 않더라고. 그러다가 제가 가게를 하다 보니까 시간이 안 되잖아요. 손님들 오고 그러면은 일을 해야 되니까 그래서 그 시간을 그냥 넘겼었어요.

면담자   수학여행에 대해서 어느 정도 알고 계셨나요? 그러니까 배를 타고 간다는 이야기도 들으셨나요?

동영 엄마   예, 다 알고 있었죠. 처음에 그 수학여행 여행 가는 저기 뭐죠? 그걸[가정통신문] 받아 왔을 때는, 처음에 가지고 온 거는 '오하마나호'[세월호의 쌍둥이 배]라고 적혀 있었어요, 적혀 있어서 배 이름이 너무 일본 그 냄새가 나더라구. 그래서 '어? 배 이름이 특이하다' 해서 제가 그거를 기억을 하고 있었거든요. 그리고 그 종이를 그냥 버린 것 같아요. 버렸는데 다음에 책자가 나왔을 때는 세월호로 바뀌어 있더라고요, 별 의심은 안 했죠. 그렇게 바뀌었었는데도 크게 그거를 염두에 두고 그러지는 않았던 것 같아요.

면담자　왜 배로 가는 건지 하는 생각은 안 하셨었나요?

동영 엄마　애들이 하는 얘기, 동영이가 하는 얘기가 "엄마, 배를 타고 가서 올 때는 비행기를 타고 온대" 그러더라고 "배로 타고 가면 은 시간도 많이 걸리고 그럴 건데 왜 배로 간다고 그러지?" 그랬더 니, 학교에서 배를 타고 가면은 불꽃놀이든지 이런 애들이 추억거리 같은 거를 많이 만들 수가 있잖아요. 배로 가면 재미있는 그런 것 도 많고 그래서 일단은 그런 것 때문에 배로 간다고 얘기를 하더라 고. 그러고 올 때는 그냥 비행기를 타고 온다고.

면담자　그러면 혹시 동영이가 수학여행을 가기 전에, 예를 들 어서 가방을 새로 샀으면 좋겠다든지 그런 것은 없었나요?

동영 엄마　수학여행 가기 전에 가서 입을 옷? 옷을 얘기를 했었 어요. "엄마, 옷을 하나 샀으면 좋겠다" 그래서 제가 시간이 없으니 까 [대신] 그럼 같이 동생이 있잖아요. 아무래도 동영이는 그런 게 보 는 눈이 (웃으며) 흐려서, 그런 거를 옷 보는 것도 그렇고 커서도 제 가 사주는 옷 그렇게 아무 말 없이 입고 다니고. 고등학교 가서는 제 가 옷을 사고 그러면 일부러 데리고 나가서 사고 그랬거든요. 그러 면 제가 골라 주면은 싫다는 소리를 안 하고 "어, 엄마 좋은데요?" 그 러고 그냥 사가지고 오고 했는데, 옷이 필요하다고 해서 동생이랑 둘이서 인터넷으로 옷을 주문을 했어요. "반팔 티 하나 사고 청바지, 청바지를 하나 사고 가서 혹시 추울 수도 있으니까 긴팔도 하나 주 문을 해라" 그래서 같이 주문을 했더라구요.

면담자   어떻게 인터넷으로?

동영 엄마   인터넷으로.

면담자   동생이 같이?

동영 엄마   네, 인터넷으로 주문을 하고 그랬는데 수학여행 갈 때까지 그 옷이 안 왔어요(웃음). 안 와서 "어떡하냐, 옷이 와야 가서 예쁘게 입고 사진도 찍고 하는데 옷이 안 와서 어떡하냐"고 그랬더니 "엄마, 괜찮아요. 안 오면은 수학여행 갔다 와서 입으면 되죠" 그냥 그러고. 애가 어떻게 보면 단순하다고 해야 되나요?

3
사건 소식을 접하고 진도에 내려가기까지

면담자   다음 날 아침에는 어떻게 소식을 접하셨어요?

동영 엄마   다음 날 아침은 딸을 보내놓고, 그날 저희 딸 같은 경우에도 서울랜드 현장학습을 갔어요, 중학교에서. 그때가 걔가 중3이었으니까.

면담자   같은 날 그렇게 됐었네요?

동영 엄마   네, 현장학습을 가서 제가 가게를 일찍 나왔거든요. 일찍 나와서 일을 해놓고 그리고 애들 보내놓고 난 뒤에 그러고 앉아서 잠깐 TV를, 쉰다고 TV 켜놓고 그냥 있었는데 갑자기 친구가 뛰어오는 거예요. 뛰어와서 울면서 문을 열고 들어오면서 TV 켜라고 그 소리를 듣는 순간에 '아차!' 하는 그런 느낌이 들어서 TV를 켜려고 리모콘을 들었는데 손이 떨려가지고 그거 버튼을 누르지를 못하겠더라고. 한참을 그러고 있으니까 친구가 그냥 TV를 틀어주는데 보니까 벌써 배가 기울어져 있는 상황이었어요.

면담자　　　그럼 그때 친구가 달려와서 알려줄 때가 한 몇 시 정도였었나요?

동영 엄마　　그때가 한 8시, 8시 반, 한 그 정도? 조금 덜 되었거나 그 무렵이었던 것 같아요.

면담자　　　그럼 그때 따로 문자를 받으셨다거나 다른 확인을 하셨나요?

동영 엄마　　없었어요, 네.

면담자　　　친구분은 아이가 같이 단원고에 다니던 분인가요?

동영 엄마　　아니요, 그 친구는 그냥 애기가 아직 어려 가지고. 그런데 거의 한동네에서 한 10년 가까이를 친하게 지냈던.

면담자　　　그래서 집에서 TV를 보다가 달려오셨군요. 사고 사실을 아시고는 어떻게 하셨나요?

동영 엄마　　보고서 아빠가 그때 시청에 서류를, 마지막 서류를 넣으러 간 상황이었고. 그래서 전화를 했는데 전화를 안 받더라고, 나중에 보니까 전화기를 가게에다 두고 간 거예요, 두고 갔는데. 한동네에 5반에 완준이라는 친구가 있었는데 나중에 전화를 보니까 엄마가 전화가 와 있더라고. 근데 제가 일을 하느라 못 받아가지고, 그

진동으로 해놨었는데 제가 확인을 못 했어요. 그리고 늦게 확인을 해보니까 전화가 왔더라고. 그래서 나중에 그 엄마가 가게로 오고 그리고 아빠 오기만 일단은 기다렸죠, 조금 이따가 아빠가….

면담자   서류만 내고 오신다고 했으니까요?

동영 엄마   네네, 아빠가 와서 같이 완준이네랑, 저는 가게 그냥 있었고, 아빠하고 [완준이네랑] 같이 학교에 갔어요, 완준이네랑 같이 학교에 가서 상황이 어떻게 돌아가는지 본다고. 저는 가게에서 발만 동동 구르고 있을 때였고.

면담자   그 당시 단원고에서 문자를 다 보냈다고 하는데 그건 못 받으셨나요?

동영 엄마   그거는 나중에 이후에 받았죠, 아빠가 학교로 가고 난 다음에.

면담자   다음에 받으셨구나.

동영 엄마   다음에 "전원 구조됐다"고 학교에서 문자를 받았어요, 받아서 "진짜 다행이다, 다행이다" 했는데 마음 한쪽은 뭔가 모르게 개운한 게 없더라구요, 찜찜한 게 남아 있었고. 그리고 저 같은 경우에는 우리는 ○○이가 현장학습을 가 있었어요. 그 문자를 받기 전에 방송에서도 나중에 이제 보도가 나왔잖아요, '전원 구조'라고 보도되고 그런데 전화가 왔더라고. 딸이 "엄마, 뉴스 봤냐"고 그래서 "어, 엄마 봤어" 애가 놀랄까 봐 좀 담담하게 저는 얘기를 했었고. 뉴스 봤다고 "엄마, 어떡하냐고. 나 지금 전철 타고 나 먼저 갈까?" 그러더라고. 그래서 "아니, 그냥 조금 더 있어 보자" 혼자 그 상황에서 애가 전철 타고 오면 꼭 무슨 일이 날 것 같아서 조금만 기다려보자고. 그러고 애하고 통화 끝나고 난 다음에 그 문자를 받았어요, 그 문자를 받고 그러고.

면담자 　　어머니가 문자를 받았던 시간은 혹시 기억하시나요?

동영 엄마 　　시간이, 몇 시지? 한, 그때가 방송에서 그 보도가 나가기 조금 전이었던 것 같아요.

면담자 　　전이었죠, 그죠?

동영 엄마 　　그러고 저희들이 받고 나서 방송에서 '전원 구조'라는 방송이 나왔었으니까.

면담자 　　네, 알겠습니다.

동영 엄마 　　그래서 딸이 전화가 와가지고 "엄마, 뉴스 봤지?" 그러더라고. "어, 봤어", "엄마, 전원 구조됐대. 오 다행이다" 그러면서 "엄마, 나 그러면 놀다 갈게" 하더라고. 지도 놀다가 마음이 개운하지를 않으니까 자꾸 뉴스를 봤나 보더라고요, 인터넷으로 뉴스를 보고 했는데 나중에는 그게 전원 구조가 오보라는 게 방송이 되고 그러고서 애가 전철을 타고 왔어요. 전철을 타고 안산에 도착해서 택시를 타고 그러고 왔더라고. 근데 그때까지도 저는 믿고 있었어요, 애들이 구조될 거라고 믿고 있었고. 그러고 학교에 간 아빠 같은 경우에도 학교에서 생존자 명단 확인을 하고 그러고서 애 이름이 안 올라오니까 안 되겠다 싶어서 다시 집으로 왔더라고. 집으로 와가지

65
•
2회차

고 [아빠] 고향이 진도잖아요? 진도 친구들한테 전화도 하고, 전화를 여기저기 하는 것 같았어요. 전화를 하고 그러고서 학교에서는 버스를 대절해 가지고 부모님들이 내려간다고 하는데 그 시간을 기다릴 수가 없어서 완준이네랑 같이 그냥 자가용을 타고 진도로.

면담자   어머님, 아버님이 다 같이 가셨어요?

동영 엄마   저는 집에 있었고. 있었는데… 그게 마음이 일단은 우리나라가 사실 그런 배가 기울어졌다고 구조도 못 하고 그렇게 허술하지는 않다고 그때까지도 생각을 했어요. 내가 없으면, 같이 다 내려가면은 애들이 나와가지고 올라와, 안산으로 올 건데 와서 없으면 애가 놀란 상태에서 아무도 없으면은 힘들 거 아니에요? 그래서 저는 그 생각을 하고 그냥 그날은 그냥 기다리고 있었…….

면담자   가게는 좀 일찍 닫으신 건가요?

동영 엄마   그날은 아예 영업을 못 했죠.

면담자   못 하셨군요. 아침에 완준 엄마가 아빠랑 진도로 가시고, 그때까지는 어머님은 아직 가게에 계셨던 거잖아요.

동영 엄마   네, 그때까지도 같이 앉아가지고 아빠 친구들이나 동네에 아는 언니들이랑 다 몰려와 가지고 그러고, 여기저기서 친척들한테서 전화도 계속 오고 그래서 가게서 그러고 전원 있고, 아빠는 완준이네랑 같이 진도로 내려갔고. 그래서 옷이랑 다 젖었을 거니까 옷이랑 갈아입을 옷 챙겨가지고 가방에다가 싸서 그렇게 해서 보냈거든요.

면담자   그러고는 집에서 기다리셨던 거군요?

동영 엄마   네네. 뉴스만 보고 있었죠.

면담자   그리고 ○○이는 잘 돌아왔구요?

동영 엄마   네, ○○이도 돌아오고. 근데 뉴스를 보면서도 구조
자 명단이 처음에는 계속 떴었어요. 하단 부분에 구조자 명단도 뜨
고 그랬는데, 그 이름이 "김동명"이라는 이름이 있더라고. 그래서 그
거를 명단을 작성하다 보면은 받침 같은 거는 잘못 쓸 수도 있고, 그
래서 그 "명" 자가 "영" 자로 바뀌기를 그 이름만 나오면 계속 처다보
고 그러고 그냥 있었던….

면담자   네, 그러면 어머님은 언제 진도에 내려가셨나요?

동영 엄마   그다음 날 오후에 저희들이, 여기 동영이 고모부가 안
산에 계서요. 고모가 안산에 살기 때문에 고모부 차를 타고 그다음
날 오후에 진도에 내려갔었어요.

면담자   그때 진도에 내려가기로 결심하시게 된 계기는….

동영 엄마   아, 가서 있어야 되겠다.

면담자   아버님이 그렇게 내려오라고 하셨나요?

동영 엄마   아니요, 아빠는 그 상황에 내려가서 저한테 전화할 그
런 상황도 못 되었고 거기서도 확인이 안 되었기 때문에 그걸 제가
전화하는 것도 사실 무섭더라구요. 무서워서 전화도 하지도 않고 완
준이 엄마하고만 통화를 하고 그랬는데, "어떻게 된 거냐"고 "얘기해

보라"고 그러니까 "너는 TV도 안 보냐"고, "아직 애들 많이 못 나왔다"고 "아무것도 안 하고 있다"고.

면담자   네, "아이들 많이 못 나왔고, 아무것도 안 하고 있다". 이렇게 완준이 어머니가 거기 진도에서 얘기를 하셨군요.

동영 엄마   네.

면담자   그럼 다음 날 오후에 진도로 떠나셨나요?

동영 엄마   네, 오후에 우리 저기 형님네도 가게를 떡집을 하고 있어요. 그래서 오전에 마무리를 하고 오후에 고모부랑 같이 그러고 진도에 내려갔었어요.

면담자   네, ○○이는?

동영 엄마   ○○이도 데리고 갔어요.

면담자   ○○이도 데리고요?

동영 엄마   집에 혼자 두지를 못하겠더라고.

면담자   그럼 고모부하고 어머님하고 ○○이하고 셋이?

동영 엄마   네네.

면담자   진도에 도착했을 때에 기억나는 첫 장면을 말씀해 주실 수 있으세요?

동영 엄마   첫 장면은… 일단은 [진도]체육관에 들어서는데 자원봉사 천막이 일단은 제일 먼저 눈에 띄었고요. 그곳에서 많은 봉사 하시는 분들 자원봉사 하시는 분들도 많고. 근데 체육관 안으로 들어갔는데 이거는 무슨 난민촌 같다는, 진짜 딱 그 상황이 맞는 것 같아요. 그래서 서로 다 모르는 사람들 아니에요, 같은 애들이 학교를 다닌다고 해서 부모들이 다 아는 상태도 아니었고 다 모르는 사람들이고. 그냥 매트 하나 바닥에 깔아놓고 다 그 위에서 앉아서 기다리고 그러고 있었어요. 그리고 한 번씩 브리핑한다고 해경에서 단상에 올라가서 브리핑하고 그러는데, 글쎄요…. 정부 쪽에서 나와서 일하는 사람들은 몇몇 브리핑하는 사람들 외에는 얼굴을 많이 비추지도 않았고 그렇게 인원이 많지는 않았어요, 않고. 대부분이 자원봉사 하시는 분들 많고 가족 데리고, 그때는 그 체육관이 1, 2층까지 있었잖아요. 2층까지도 그냥 사람들이 꽉 차 있는 상태였거든요. 그리고 제일 위쪽에는 카메라 기자들 빽빽하게 틈도 없이 들어서 있고.

그러고 체육관이라고 해봤자 단상에서 브리핑하는 정도밖에 없었고 사실 그때는 모니터 같은 경우에도[것되] 없었거든요. 대형 TV 나중에 [생겼고] 그래서 거기서 다들 핸드폰만 들여다보고 그러고. 체육관에 전해오는, 그때까지만 해도 부모들이 왔다 갔다 했어야 그 상황을 알지, 그 체육관에 있으면서 팽목에서 일어나는 일은 사실 알지를 못했거든요. 알지를 못하고 무작정 기다리고 있는 상황이었어요. 그리고 애들이, 저희들이 배에 대해서 아는 것도 아니고 그때까지만 해도 그래도 애들이 한 3일, 3, 4일은 그래도 버틸 수 있지 않을까 그런 생각을 하고 있었고 그 3, 4일 안에 애들이 그래도 구조만 된다면 다 살아 올 수 있다고, 그때까지만 해도 그래도 희망을 가지고 있었던 것 같아요.

면담자　　　그럼 맨 처음에 내려가실 때 그 진도체육관으로 바로 가신 건 거죠?

동영 엄마　　　네.

면담자　　　그곳으로 가신 거는 사람들이 다 거기 모여 있다는 걸 알고 그렇게 가신 건가요? 아버님은 진도 분이잖아요. 아버님도 거기 진도체육관에 있으셨나요?

동영 엄마　　　네네. 그때는 팽목으로 간다는 거를 생각을 못 했던 것 같아요, 저희들은. 그래서 진도체육관으로 그쪽에서 다 모여 있고, 애들이 구조되어서 나오는 애들이 체육관으로 다 도착을 하고 [할 거라 생각했어요]. 그래서 당연히 거기 [있었죠].

4
진도체육관에서의 경험

면담자　　　진도체육관에서 정말 많은 일들이 있었죠. 기억이 얼마나 나실지는 잘 모르겠지만 인상 깊었던 거, 혹은 충격적이었던 거, 어머님이 꼭 이야기를 하고 싶은 혹은 이런 게 있으시면 이야기를 해주시겠어요? 그 당시에 있었던 것 중에 기억나는 것을 얘기를 해주시면 좋을 것 같아요.

동영 엄마　　　기억나는 거는, 제가 그쪽에는 증언할 게 크게 많이는 없는 것 같아요. 진도체육관에 있으면서 처음에는 그 많은 사람들이

다 가족들이라고 생각을 했어요. 애초에 의심도 하지 않았었고 다 가족 친지들이라고만 생각을 했지, 나중에 안 그런 이상한 사람들 정보원들, 사실 그런 사람들이 엄청 많이 깔려 있었다는 거는 그 이후에 안 사실이구요. 거기서도 저희들 처음에 며칠이 지나서 "이상한 사람들이 있다" 하는 얘기를 들었어요. 부모들이 듣고 근데 서로 이상한 사람들이라고 얘기를 하니까 이제 서로가 의심을 하는 상황이 되었고요. 그래서 아빠 같은 경우에도 밖에 나가서 담배를 핀다고 밖에 나가 있는데 어떤 사람이 전화하는 거를 우연히 들었다고 하더라고. 어디에 보고를 하는 것 같은? 그런 얘기를 들었다고 그러고, 보고하는. 한번은 경찰관? 그거를 저희 가족들이 발견을 했어요. 그래서 나중에 도망가는 걸 잡아다가 어디 소속이냐고 물어보고. 근데 결국은 나중에는 도망갔다고 얘기를 하더라고, 그 정도고. 그러고 단상에서 그때 소개는 유가족이라고 하신 분이 부모는 아니었고 친척이었던 것 같아요, 그분이 거의 마이크를 잡고 계셨는데.

면담자 대표 역할을 하셨군요?

동영 엄마 네네. 그 상황을 항상 얘기를 해주고, 근데 저희들도 누가 누군지 모르는 상황이었기 때문에 그분 말씀에[말씀을] 듣고 일단은 반론도 하시는 분들도 있었고.

면담자 무슨 말씀을 하시든가요?

동영 엄마 그것까지는 기억이 안 나요.

면담자 그분이 지금은 완전히 사라지셨나요?

동영 엄마   네, 지금은 안 보이시는 것 같더라고.

면담자   그분이 누구시래요?

동영 엄마   누구, 희생자 부모는 아니고 삼촌이라고 했나? 누구라고 했나? 하여튼 친척 되시는 분인데, 그분이 그렇게 마이크를 항상 잡고 있다가 나중에 애들이 그 3일, 4일이라는 시간이 흐르고 그 전에 대통령이 왔다 갔잖아요. 왔다 갔는데 대통령이 들어오는데 까만 양복 입은 사람들이 우루루 같이 몰려오더라고, 몰려오고. 그때 느낀 게 대통령이 행색이, 지금 와서 그 머리 얘기가 나와서 그런데, 그때 당시에도 너무 부시시하게 왔더라고요. 얼굴도 좀 부어 있는 느낌? 저는 그런 느낌을 받았었고. 그러고 해경 브리핑을 그 전에도 대통령이 오기 전에도 브리핑을 계속해 줬지만은 항상 진전 상황은 없었어요.

면담자   그럼 어머님은 내려가시고 곧 대통령을 보셨겠네요?

동영 엄마   그렇죠, 17일. 그래서 브리핑하는 내용도 항상 똑같고 똑같은 말만 반복을 하다 보니까 부모들이 화가 많이 난 거고, 그 상황이 어떻게 구조가 어떻게 돼가는지 그런 얘기를 하는 것이 아니라 그냥 "최선을 다하고 있습니다" 그런 얘기를 너무 많이 들었던 것 같아요. 저희들이 거기 있을 동안에도 진짜 그 사람이 하는 얘기는 앵무새 같았어요. "최선을 다하고 있습니다" 그러고 항상 변명이라고 하면은, 그 물때라고 하나요?

면담자   네. "물때가 안 맞아서 지금 할 수가 없다".

동영 엄마   "못 들어간다고 몇 시경이 돼야 들어갈 수 있고" 그런 것만 계속 반복적으로 얘기를 해줬지 그 상황은 얘기를 해주지를 않았어요. 저희들이 체육관에 있어도 그렇고 팽목에 나가 있던 분들도 배를 타고 들어간다고 해서 사실 그 근처까지는 가보지를 못하잖아요, 막아섰으니까 어디까지만 딱 허용이 된 그 지점까지만 들어가고. 그래서 체육관에서 그 상황을 알 수가 없어서 대통령이 왔을 때 "일단은 모니터라도 갖다놓고 거기서 구조하는 거를 생중계로라도 볼 수 있게끔 그렇게 해주라"고 저희들 요구가 받아들여진 게 일단은 애들을 구조를 해야 될 거 아니에요? "구조를 해야 되는데 지금 이 사람들은 아무것도 하는 게 없다. 잠수 인원이 몇 명이고 그런 것만 계속 브리핑을 하고 그게 밖으로 유출이 돼서 국민들은 그렇게 알고 있는데, 현장에서 우리가 알고 있는 상황은 그 상황이 아니다". 그렇게 얘기를 하니까 대통령이 했던 말이 있잖아요(웃음).

면담자   그죠. "이 말이 거짓말이면 옷을 벗을 각오를 해라" 였었죠?

동영 엄마   그런 처벌을 하겠다고 모두 다 옷을 벗는다는 그런 얘기를 했었고, 대통령이. 일단은 저희들이 믿을 수 있는 게, 저희들이 할 수 있는 일이 없잖아요. 그러니까 일단 믿을 수 있는 게, 그 사람들이 믿음직스럽지는 않지만은 일단은 그 사람들이 일을 해줘야 하기 때문에 그렇게 했었고…. 일단 대통령이 왔으니까 진짜 뭔가 해결될 줄 알았어요. 저희들이 했던 말이 "명령을 내려달라"고 그랬는데 "명령을 내리겠습니다" 그러면서 대통령이 그렇게 얘기를 했었고. 근데 대통령이 간 이후에도 변한 거는 없어요. 그 큰 모니터 하나 달랑 단상에 올라온 것밖에 없거든요. 그걸로도 그 수색 상황을 저희들이 생중계를 해달라 그랬는데 화면이 항상 정지화면인 것 같았어요. 그 밤에 보면은 불 켜놓고 하는 그런 사진만 떠 있지, 거기서 뭘 하는지 그런 거는 [없어요]. 바다가 또 밤 같은 때는 어둡고 그러고 낮에도 항상 화면이 어두운 화면이었던 것 같아요, 항상 그 정지화면이었다는 느낌이 들고. 그리고 그걸로 본 게 뉴스, 뉴스 나가는 것밖에는 저희들이 거기서 볼 수밖에 없었거든요.

면담자   뉴스 나가는 걸 보면서는 어떤 생각을 하셨나요? 사실 뉴스와 현장 상황이 좀 많이 달랐을 것 같은데요.

동영 엄마   섬찟했죠, (웃으며) 섬찟했지. 이 대부분의 사람들은 그거를 뉴스 나가는 그대로만 보고 믿고 그렇다는 생각을 했었고. 핸드폰이 요즘에는 아이들도 다 가지고 있다 보니까 저희도 동생을 데리고 갔잖아요. 데리고 갔는데 처음에 얘가 많이 불안 증세를 많이 보였어요. 사람을 일단은 거기서 나 말고는 우리 가족 외에는 누구도 믿어도 안 된다는 그런 게 얘한테도 작용을 한 거고. 그래서 이상한, 조금만 인상이 험악하거나 그런 사람들이 있으면 얘가 의심을 하기 시작하더라고요. 옆에 누가 이렇게 남자들이 지나가도 "엄마, 저 아저씨 너무 이상한 것 같아. 이상해. 뒤따라가 볼까?" 이러고 어떤 때는 지가 이상하다고 생각을 하면은 그 사람을 뒤따라가서 전화를 하면은 일부로 옆에 가서 전화하는 걸 엿듣기도 하고.

그리고 제가 한 열흘 일주일 넘게 ○○이를 거기서 데리고 있으면서 애가 이게 불안해하는 게 나중에는 너무나 심해지는 걸 봤구요, 그래 가지고 나중에는 안 되겠다 싶더라고. 그래서 제가 있으면서 한번 주말에 안산에 데려다 놓고 그러고 친구 집에서 가서 자라고 하고 저는 또다시 내려가고 그랬었는데, 거기서도 있으면서 TV에서 보도되는 그 방송이 진실이 아니라는 걸, 우리는 '내가 일단 아는 지인한테라도 알려야 되겠다' 그래서 그때 저희들도 인터넷뉴스 많이 접해보지도 않았었고 그런데, 인터넷뉴스 같은 경우에는 그런 거를 사실적으로 보도를 많이 해줬잖아요.

면담자   그죠, 고발뉴스라든지.

동영 엄마   네, 해서 "고발뉴스 그런 거를 인터넷뉴스를 봐라. 이거 지금 방송에 나가는 거는 이거는 다 조작된 거다. 사실이 아니다" 그래서 그거를 밖에서 지인들 같은 경우에는 그렇게 확인을 했었고, 그래서 많이 분노했던 그런 말들도 많이 하고 그랬었어요.

면담자   4월 16일 참사 당일에 동영이와 혹시 문자를 하시거나 전화를 받으시거나 뭐 이런 적은 없었나요?

동영 엄마   저는 못 받고 15일, 15일 날이죠? 애들이 배 타고 출발하기 전에 그때는 제가 좀 바쁜 시간이어서 나중에 보니까 [저녁] 6시 몇 분엔가 카톡이 왔더라고요. "엄마, 저기 수학여행 못 갈 것 같아" 저기 카톡이 왔어요. 왔는데 제가 그거를 일 끝나고 확인을 해가지고 그 시간에는 못 봤거든요. 근데 한 8시 넘어선가? 배를 사진을 찍어서 보냈더라고, 사진을 찍어서….

면담자   바깥에서요? 타기 전에?

동영 엄마   네, 타기 전에 사진을 찍어가지고 보낸 게 그게 다예요.

면담자   그 이후에는 문자도 없었어요?

동영 엄마   네, 전화를 해도 안 받고.

면담자   사고 소식을 듣자마자 전화를 시도를 해보셨나요?

동영 엄마   제가 아침에 그 전에 눈을 떠서 '조금 있으면 제주도 도착하겠다' 해서 제가 문자를 보냈어요, 잘 가고 있냐고 문자를 보냈는데 답이 없더라고. 그래서 '아이고 저녁에 애들하고 늦게까지 놀다가 늦잠을 자는구나' 그렇게만 생각을 한 거죠.

면담자   아버님이 진도 분이라서 팽목항 근처든지 아니면 진도에 고기잡이를 하신다든지 이런 친구분들은 없으셨나요?

동영 엄마   친구들도 군인도 있었고 그때 있다고는 했는데, 사람들이 그때 바다에 나가 있던 사람들도 있었고. 근데 저희들이[한테] 얘기할 때는 상황을 사실대로 얘기를 안 해줬던 것 같아요, 힘들어 할까 봐. 근데 나중에 얘기하는 게 그 사람들은 '힘들구나' 하는 거를 벌써 그 배가 침몰, 거의 그날 벌써 16일 날? 벌써 애들이 이제는 살아 나올 수 없다는 거를 그 사람들은 알고 있었던 거고. 근데 차마 그 얘기를 하지 못했다고 하더라고.

면담자   그거를 당시에는 이야기를 안 하시다가 나중에 그런 말씀을 하시더라는 거죠? 그분들은 전해서 들으시는 거겠지만, 가서 구조를 못 하게 된 이유가 뭐였다는 혹시 이런 이야기는 안 하셨나요?

동영 엄마   네, 그런 것까지는 [못 들었어요].

5
아이와의 만남, 장례식

면담자   어머님이 간절히 바라서 동영이를 만나게 되셨잖아
요. 만나기 전날에 어머님이 간절히 바라서 동영이가 나왔다는 이야
기를 본 것 같아요. 그때의 이야기를 좀 해주시겠어요?

동영 엄마   제가, ○○이가 진도에서 좀 오래 있었고 그렇다고
학교를 계속 빠질 수도 없고 그래서 애를 집에 데려다 놓고 한두 번
정도는 왔다 갔다 했던 것 같아요. 왔다 갔다 하다가 가면서도 항상
마음속으로만 '가면 만날 수 있겠지' 내려가는 차 안에서 그 생각을
하고 그러고 갔었는데. ○○이를 그날도 집에 데려다 놓고, 아, 집
에 데려다 놓은 지는[때는] 그 전주구나. [5월] 4일, 5일이 공휴일이잖
아요. 애가 혼자 있으니까 올라와서 데리고 와야 되겠다 해서 ○○이
를 데리러 온 날이었어요.

면담자   그럼 그동안은 ○○이는 혼자 집에 있었던 건가요?

동영 엄마   혼자, 친구 집에 가서.

면담자   아, 친구 집에 가 있었나요?

동영 엄마   네, 가 있었고. 집에 좀 혼자 있는 거는 저도 불안하고
저도 마음이 안 편하고 해서 그 친구한테 얘기를 해서 "○○이랑 좀

같이 있어라" 그러고 저는 내려갔었고. 그날도 ○○이를 데리고 내려가는 길에 제가 카톡을 보낸 거고요, "내려가서 만나자"고 [동영이에게] 카톡을 보냈는데, 그날 새벽, 5월 5일 날 새벽이었지. 그날 동영이를 만났어요.

면담자　　5월 4일 날 ○○이를 데리고 내려가면서 동영이에게 카톡을 보내신 거네요?

동영 엄마　　네. 그래서 기다리다가 그 전에도 동영이랑 인상, 옷 입은 거랑 [비슷한 경우가 있었어요]. 애들이 옷을 다 비슷비슷하게 입고 있더라고요. 그래서 인상착의가 나왔을 때도 혹시나 하고 봤는데, 진짜 내 자식이 아니면은 그 느낌이 덜 오는 것 같아요. 다 인상착의가 비슷해도 그게 뭔가 하나 다른 점이 있고 [동영이라는] 느낌이 없더라고요. 느낌이 없는데 동영이 나오는 날은 그때는 애들 그거를, 인상착의 같은 거 이런 거를 다 모니터에다 띄워주고 했었기 때문에 그게 처음 딱 뜨는 순간에 '아차' 싶더라고. '아, 맞구나' 그런 생각을 했는데, 저희들이 체육관에 있었기 때문에 그때는 모니터로만 그 인상착의 확인을 하고 그리고 나서 뒤에 그 부스가 있었어요. 뭐라 그러지? 애들 일단 찾으면은 그쪽에서 가서 확인을 하고, 그래서 가서 모니터로 전송된 사진을 보고 확인을 했는데 그냥 누워 있는 모습이 너무 깨끗하더라고요. 누워 있는데 제가 [모니터로] 오른쪽을 본 것 같아요, 오른쪽을 봤는데 손발도 너무 깨끗하고. 한 20일 만에 애를 찾은 거거든요.

　　그때 그 모습을 본 순간까지도 '그냥 괜찮구나, 그래도' [하고 생각했어요. 깨끗하게 사진으로 보여지니까. 그 사진이 한 두세 장이 된 것 같았는데 제가 그 사진을 보고 보는 순간에 제가 너무 울어가지고…. 그때 조카가 같이 가 있었는데 너무 울면 안 된다고 해서 조카한테 그냥 끌려가지고 그냥 나와서 나머지 사진은 제대로 보지를 못했어요. 근데 나중에 몇 시간 지나서, ○○이가 어떻게 보면 저보다 더 겁이 없었던 것 같아. 저는 무서우면은 회피하는 것도 있고 해가지고 그거를 선뜻 다시 볼 용기가 안 나서 생각만 하고 있었지. 그거도 나중에 ○○이가 얘기를 하더라고 "가서 오빠 사진 더 볼 수 있냐"고 그래서 혼자 가서 애가 보고 온 것 같애, 얘기는 다 하지는 않는데.

그래서 그렇게 확인을 하고 아빠는 애 찾으러 팽목으로 가고. 근데 아빠가 오지 말라고 하더라고 "혼자 가서 확인한다"고 오지 말라고 그래서 기다리고 있었고. 아빠가 갔다 와서 "맞다"고, "괜찮다"고 그렇게 얘기를 해줘서 그런 줄만 알았는데 나중에 팽목에서도 애들 이렇게 단장을 해가지고 보냈잖아요? 거기도 갔는데, 애 그냥 누워 있는 머리를 저쪽을 입구 쪽을 향해서 애가 이렇게 누워 있었으니까 진짜 이 머리만 본 것 같아요, 머리카락 이렇게 늘어져 있는 모습만 제가 봤는데 못 보게 하시더라고, 거기 저거 하시는 여경들도 그때 있었고. 어떻게 보면 제가 용기가 없었던 거죠, 억지로라도 봤어야 되는데 못 보게 하고 아빠도 "보지 마라 그냥 동영이 이쁜 모습만 기억해라"고 그래서 아빠만 가서 확인을 하고 그런 다음에 5일 날 아침에 헬기를 타고 안산으로 올라왔어요.

면담자   못 보신 게 후회되시나요?

동영 엄마   많이 후회되죠, 그때는.

면담자   팽목항부터 아버님이랑 같이 가실 걸 그랬다고 생각
하세요?

동영 엄마   네, 그때는 마지막이라는 그런 생각을 그때까지도 못
했던 것 같아요. 그냥 애 찾았다는 그 생각만 하고… (눈물을 훔치며)
지나니 많이 후회되는 것 같아요. 진짜 마지막이었는데 "내가 손이
라도 한 번 잡아줄걸" 그게 너무 후회가 되고. 그래도 애기들도 늦게
찾아서 본 엄마들은 "차라리 안 본 게 나았을 뻔했다, 너무 힘들다"
고 얘기를 하더라고요. 저는 일단은 못 봤으니까 못 본 게 너무 후회
가 되고 손 한 번 잡아주지 못한 게 너무 후회가 돼요. 안산으로 헬
기를 타고 올라오면서 많이 울었던 게… 애들이 올 때 비행기를 타
고 온다고 했는데, 타고 온다고 했는데 그 헬기를 타고 오는 그 순간
이 너무 힘이 들더라고요, 너무 힘이 들고. 그리고 안산에 와서도 안
산에 오니까 다리가 그냥 풀려버린 거예요. 헬기로 타고 와서 안산
에서 119차를 타고 한도병원으로 저희들하고 갔어요. 갔는데 차에
서 내리자마자 제가 다리가 풀려가지고 그냥 그 자리에서 그냥 주저
앉아 버렸는데 [병원에] 들어서는 순간에 영정 사진이 다 학생들 사
진이었어요, 다 학생들 사진이었고. 그리고 병원에 장례식장에 가
있는데도 실감이, 사실은 그때까지도 실감이 안 났거든요. 근데 애
들 동영이 친구들도 왔다 가고 손님들이 많이, 저희들 같은 경우에
는 손님이 많았었는데, 애들 친구들이 와가지고 많이 울고 그러다
보니까 저도 일단은, 그때는 식구들도 누구도 눈에 들어오는 게 아

니라 제일 눈에 들어오는 애들이 그 친구들이었던 것 같아요. 그래서 걔네들 부둥켜안고 같이 울고.

면담자　　그 친구들은 그럼 같은 반 친구들 말씀하시는 건가요? 아니면 어렸을 때부터 친구였던 친구들인가요?

동영 엄마　　같은 반. 어렸을 때부터 초등학교, 중학교 같이 다닌 친구들, 고등학교 친구들도 물론 있었는데 고등학교 친구들은, 동영이가 어려서부터 같이 지냈던 친구들은 학교가 다 달랐어요. 단원고, 단원고도 현섭이하고 둘이만. [다른] 친했던 애들은 제가 경빈이, 이렇게 그 애들하고 친했던 애들 몇몇 정도밖에 제가 몰랐으니까. 그래서 걔네들은 알고 다른 애들은 다른 학교로 다 각자 가고.

　　그래서 장례식장에서 거기서 있으면서 처음에 안산 올라와서 ○○이가 했던 말이, "얘가 무슨 이런 소리를 할까" 해서 되게 제가 그때는 마음도 안 좋고 "무슨 얘기를, 쟤는 아무리 어려도 저렇게 해?" 하는 말이 있는데, 안산 올라와서 ○○이가 하는 말이 "엄마, 오빠가 이제 5월 5일 날 온 거는 나한테 준 선물이야" (눈물을 훔치며) "5월 8일 날 간 거는 엄마한테 주는 선물이라고" 근데 그때는 ○○이 말을 사실 이해를 못 했어요. 이상한 소리 하는 애라고 진짜 그렇게만 생각을 하고 뭐라고 하지도 못하고 있는데, 지금 이렇게 미수습자들이 남아 있잖아요…. 지금 생각해 보면… (한숨) "진짜 다행이다, 그래두".

　　그 사람들한테는 진짜 너무 마음 아프고 하는 소리지만은… 그래도 동영이 찾기 전에 아는 언니가 교회를 다녀서 목사님한테 기도를 부탁했다고, 부탁을 했는데 목사님이 그다음 주에 교회를 가니까 목사님이 기도를 하는 중에 솜사탕하고 카네이션을 봤다는 거예요. 그때까지만 해도 그게 무슨 뜻이었는지 그거를 이해를 못 했다고 하더라고. 그 언니도 '왜 그런 기도 중에 왜 그런 걸 보셨을까?' 그냥 그 정도로만 생각을 했는데 동영이 찾은 날짜하고 너무 연관이 되잖아요. 애 나오기 전에도 주변, 저한테는 꿈에 보이지도 않았어요, 보이지도 않고. 주변 친구한테도 보이고 아빠 친구한테도 보이고 저희 외삼촌한테도 보이고, 전에 친구한테는 나오기 며칠 전에 걔가 꿈을 꿨는데 동영이를 봤다고 얘기를 하더라고 하는데 동영이가, 꿈속에서 [친구가] "아니, 너 지금까지 뭐 하다가 지금 오냐"고 그랬더니만 "나 많이 아파서 약 좀 먹고 오느라고 늦었다"고 그런 꿈을 꾸고. 아빠 친구 같은 경우에는 방 한쪽 귀퉁이에서 애가 가방을 한쪽에다 놓고 애가 웅크리고 앉아 있더라고 하더라고요. 그래서 "이놈의 새끼 뭐 하냐"고 "거기서 뭐 하냐"고 그러니까 쳐다보면서 "아저씨, 저 이만 갈게요" 하는 꿈을 꿨다고. 그러고 며칠 지나서 동영이 만난 거구요. 그래서 주변, 사실 사람들한테 그때는 도움도 사실 많이 받았고 그 사람들한테 지금까지도 너무 고마운 마음을 항상 가지고 있어요.

그 동영이 발인하기 전날은 제가 그냥 차라리 이게 동영이를 내가 못 보지만은 그냥 이 자리에 계속 있었으면 좋겠다는 생각을 했어요. 그냥 내일이면 애를 진짜 보내야 되니까 그래서 "내일이 안 왔으면 좋겠다" 그러고 그다음 날이 되어서 동영이, 염이라고 그러나요? 병원에서 다 해주고 하는데 그때도 동영이 작은아빠도 그렇고

82
·
동영 엄마 이선자

오지 말라고 "형수는 그냥 있으라"고 그래서 "나중에 다 되거든 그때 와서 한번 마지막으로 봐라"고 하더라고. 그래서 아빠랑 남자분들만 몇 분 가시고 저는 나중에 늦게 들어오라고 해서 들어갔는데 [동영이가] 아닌 것 같았어요. 애들이 사실 얼굴이 많이 상해 있었잖아요, 상해 있어서 그런지 분장도 아니고 느낌이 눈물이 안 나더라고. 그냥 부둥켜안고 있는데 눈물이 안 나고 그냥 소리는 울음이 나는데 소리로만 울지 진짜 눈물이 안 흐르더라고요. 아들 얼굴이 하나도 안 보이는 거예요. 안 보이고 그냥 얼굴을 상한 부분들이 있으니까 많이 이렇게 분[이나] 다른 걸 가지고 붙여놓은 것 같고. 그래서 제가 아무리 쳐다보고 했는데도 내 애가 아닌 것 같으니까, 아닌 것 같으니까 눈물도 안 나고 그냥 부둥켜안고 소리로만 울다가, 울다가 그냥 나온 기억이 있어요. 그러고 그냥 동영이 그냥 보내고.

면담자   동영이가 몇 번째로 나온 거죠?

동영 엄마   동영이가 257번이에요, 그 번호도 사실 저희들이 잊을 수가 없잖아요. 그때 6반들, 6반 아이들 대부분이 그 무렵에 하루 전? 동영이 나오는 날? 그때 애들이 6반들이 대부분 거의 늦게 나왔어요. 아이들이 몇몇 애들은 일찍 나온 애들도 있는데 (한숨을 내쉬며) 나와서도 동영이 핸드폰도 아직 못 찾고 물건도 아직 저희들은 못 찾았거든요. 핸드폰도 없었고 나중에.

면담자   가방이나 이런 짐도 하나도 못 찾으셨나요?

동영 엄마   네, 못 찾았어요. 그래서 애가 배 안에서 배에 타면서 그 선상에서 찍은 사진이 있더라고요. 사진은 있는데, 사진이 있었으면은….

면담자   그 사진은 다른 친구한테서 발견된 건가요?

동영 엄마   아니, 그게 CCTV에서 그때 확인을 했었어요. 동영이
[가] 핸드폰으로 사진을 찍는 모습이 있었는데, 분명히 그때 찍고 있
었으면 애들이 핸드폰은 주로 몸에 지니고 있을 거 아니에요? 지니
고 있는데 핸드폰도 찾지도 못했고. 나중에서야 생각난 게 아빠한테
"동영이 옷 어떻게 했냐"고 그 순간까지도 옷은 아무것도 생각도 못
하고 옷 생각이 나중에 늦게서야 나더라고요. 그랬더니 아빠가 "그
냥 태우라고 했다"고. 혹시 그 주머니 안에 핸드폰이 있지 않았을까
하는 생각은 하는데 아빠한테는 그 얘기도 못 하겠고.

      동영이 보낼 때도 친구들이 끝까지 함께해 줬고요, 그 아이들한
테 사실은 너무 미안하고. 친구 하나가 글을 쓴 게 "내 첫 번째 장례
식이 내 친구 장례식이 될 줄 몰랐다"고 장례식을 처음 갔는데 그 장
례식장이 내 친구 장례식일 줄은 몰랐다는 그런 글을 써가지고 아이
들이 많이 힘들어도 했었고. 그리고 난 뒤에도 애들을 보는 게 많이
저도 부담스럽고 그 아이들도 편하지도 않을 테고. 근데 애들이 지
금까지도 자주 찾아와 줘요.

6
유가족들이 함께 활동하게 된 계기

면담자   가족들이 모여서 대책회의를 하고 청와대로 가자는

움직임도 있었는데, 어머님은 그런 가족 모임을 해야겠다는 생각을 처음에 어떻게 하시게 되었고 언제쯤부터 관심을 가지고 참여를 하게 되셨나요?

동영 엄마　　며칠 지나서 저희들이 이상한 사람들이 있다는 걸 인지하고, 그 사람들이 가족을 핑계 삼아 내가 가족이라고 사칭하는 사람들까지 많이 생겨났잖아요. 그러면서 "정보가 자꾸 샌다"는 그런 말들도 나오고, "안 되겠다" 해서. 그 시기는 사실 제가 정확히 기억을 하지를 못하는데, 그게 저희들이 진도 내려가서 한 일주일 가까이 돼서 아마 그랬을 거예요. 서로가 부모들끼리 얼굴도 모르고 누가 누구 엄마고 아빠고 그런 것도 모르는 상황이었잖아요. 그래서 우리도 가족 명찰을 만들어야 되겠다 해서 사진을 찍어가지고 사진도 붙여놓고 아빠 이름, 엄마 이름 같이 해서 그거를 목에 걸고 다녔었거든요. 반별로 같이 거기서 반별로 모여서 회의도 하고. 그리고 해경 쪽에서 브리핑하고 그러면은 저희들은 저희들 나름대로 얘기할 게 있으니까 따로 모여서 그거도 얘기도 했던 것 같고.

　　근데 그때 할 때도 배, 애들이 배에 탄 좌석 번호가 다 있잖아요, 동영이가 B17이었나? 하여튼 그랬었던 것 같아. 6반이 주로, 정확한지는 모르겠는데 그렇게만 지금 기억을 하고 있거든요? 6반들이 대부분이 그쪽에 다 있고 반별로 위치가 다 다르다 보니까 구조할 때도 그런 쪽을 지적을 해서 해경 쪽에다가 "그쪽을 먼저 구조를 해달라" 애들이 일단은 많이 있을 것 같은 그런 쪽에도 해달라고 많이 얘기를 했고. 그거도 나중에 구조가 (한숨을 내쉬며) 한 3일까지도 거의 움직임이 없었어요. 움직임이 없었고 우리가 얘기를 해도 하는 시늉만 하고 저녁에도 그 조명탄? 조명탄도 사실 그걸 터뜨린다고 해서 잠깐 이렇게 반짝하는 거고, 우리가 육안으로 그게 저녁에는 확인이 안 되잖아요, 어두우니까. 브리핑도 사실 그런 정도로만 하고. 저희가 아는 거도 가서 아빠들이 한 번씩 배 타고 들어가서 보고 와서 "아, 이거는 아무것도 안 하고 있다"는 걸 이제 알고서.

면담자   동영 아버지도 직접 들어가신 적이 있나요?

동영 엄마   동영 아빠는 팽목까지는 갔었고 나중에서 아마 배를 한 번 타고 들어갔었을 거예요.

면담자   바지선에 한 번 들어갔다 오셨나요?

동영 엄마   네, 그리고 "우리가 생각해도 이거는 아니다" 그래서 "청와대로 가자" 해가지고 체육관에서 나섰던 거고. 그날도 비가 왔었거든요. 비가 오고 했는데.

면담자   그게 새벽이었죠?

동영 엄마   네, 처음에는 체육관에서 나서고 할 때는 사실 경찰들이 있어도 그렇게 제재를 하지를 않았어요. 제재를 안 하다가 나중에 어느 정도 진도대교? 이쪽 가까워질 무렵이 돼서 경찰들이 앞에서 막아섰던 거.

면담자   그때 아버님, 어머님 다 같이 가셨나요?

동영 엄마   네, 아빠는 가고 저는 그때 ○○이 때문에 저는 체육관에 있었고.

동영 엄마 이선자

면담자   어머님은 그 전에도 6반 다른 어머님들하고 알고 지
내셨나요?

동영 엄마   몰랐죠. 제가 학교에서 "누구 부모님 [방문] 있을 때 오
세요" 하면은 아빠가 몇 번은 갔었거든. 저는 가게를 비울 수가 없
어서 아빠가 가고 있었는데 동영이가 한번 "엄마는 왜 학교를 안 오
세요?" 그러는 거야. "엄마도 한번 학교에서 오시라고요" 그래서 한
번 쉬는 날 돼서 학교를 한 번 간 적이 있어요. 갔는데 수업 끝나고
그때가 야자 시간이었던 것 같애, 그러니까 너무 좋아했던 모습도.

면담자   동영이는 보통 아이들하고 다르게 엄마가 학교를 오
기를 바라는 친구였군요?

동영 엄마   네, 그러니까 다른 애들 얘기 들어보면 엄마들 부모님
들 학교 간다 그러면 애들이 고등학교, 중학교 때도 그런다고 하잖
아요, 벌써부터 오지 말라고 그런다고. 여자애들은 더 심하고 고등
학교도 가서는 더더욱이나 못 오게 하고. 그랬는데 동영이는 "그래
도 와봤으면" 그래서 제가 너무, 고등학교 가서 아빠는 몇 번 갔었는
데 저는 한 번도 못 가봤으니까 애가 그 소리 하고 나니까 너무 미안
한 거예요. 그래 가지고 "알았어, 엄마가 이따 오후에 갈게" 그러고
한 번 간 적이 있어요.

면담자   안산에 올라오고 동영이를 보낼 때까지 더 남겨놓고
싶은 이야기 있으신가요?

동영 엄마   올라와서 보낼 때까지? 남겨놓는다기보다는 저희들이

87
•
2회차

동영이 사실 보내고 와서도 그다음 날 저희들이 그때 한참 특별법 제정 서명운동을 받으러 다녔잖아요. 그래서 그때 보내놓고 분향소로 왔던 것 같아요. 분향소에서 그때는 조문하시는 분들이 많으니까 여기에서 서명도 받고. 애들 보내놓고 나서도 진짜 애들을 위해서 마음껏 울어주지도 못했고 지금까지도 생각하면은 그냥 눈물이야 나지만은 제대로 애들을…, 추모라고 해야 되나요? 그런 것도 제대로 못 해주고 진짜 마음껏 울어주지도 못하고 그런 게 항상 미안하고.

7
아이에 대해 떠오르는 기억

면담자   동영이 생각하면 제일 떠오르는 장면이 어떤 건가요?

동영 엄마   그 전에요?

면담자   동영이 생각하면 떠오르는 얼굴이 있을 거잖아요, 얼굴이라든가 복장이라든가.

동영 엄마   조금 이렇게 쑥스럽고 하는 모습? (웃으며) 제가 이렇게 많이 한 번씩 "사랑해" 그리고 안아주면은 쑥스러워하는 그 표정이 너무 귀엽고 너무 애기 같고. 저도 그런 표정이 많이 남는데 그 학교 선생님도 그거를 한번 말씀을 하시더라구. 그 동영이 학교 음악 선생님이 동영이를 많이 이뻐해 주셨더라구요. 그 선생님이 1학년 때 수업을 들어갔는데 동영이가 키가 작으니까 주로 앞자리에 앉았어요. 앞자리에 앉았는데 제일 먼저 눈에 들어온 아이가 동영이었다고. 너무 애가 반듯하고 수업 태도도 너무 좋고 그래서 수업을 하는데도 동영이한테 항상 눈길이 많이 갔다고 그러시더라고요. 음악을 노래하는 걸 좋아해서 거기서 음악 시간에 반장까지도 맡아서 하고.

그러고 애가 기타도 사달라고 해서 기타도 사줬었거든요. 기타 치는 걸 연습을 한다고 중학교 때 처음 그걸 사가지고 친구하고 같이 연습도 하고 그러면서 노래도 지 좋아하는 노래? 그런 거를 직접 혼자서 컴퓨터로 저걸 틀어놓고 그걸 공부를 한 것 같아요. 거기도 학원을 처음에 다닌다고 하더니만 나중에는 "엄마, 안 다녀도 될 것 같아요. 그냥 나 혼자서도 할 수 있는 것 같다"고 기타도 하나 사주고. 그다음에는 "엄마, 이 기타 음이 제가 원하는 음이 아니"래는 거야. 그래서 다른 걸 무슨 기타를 또 사달라고 해서 그거도 제가 우리가 한번 사주고 했었는데.

글쎄요…. 그냥 학교 다닐 때도 조금 적극적으로 좋은, 이왕이면 공부를 할 거면 학교도 공부 많이 시키는 데로 어차피 할 것 같으면 그래서 [다른 학교로] 가라고 말렸으면 아마 단원고를 가지 않았을 건데, 미안한 게 그거죠. 처음부터 모든 부모들이 다 똑같지만 죄인이라는 느낌은 그 마음은 사실 죽어서도 안 바뀔 것 같아요. 저희들이 서울에 살다가 안산으로 이사 온 것도 사실 부모들 판단이었고 제 판단이었고 일단은 그거부터가 제가….

면담자　잘못하신 것 같아요?

동영 엄마　너무 잘못한 거 같아 가지고. 처음에는 진짜 '내가 동영이한테는 죄인이다. 그러지 않았으면 지금쯤은 대학교도 가고 군

대도 가고'. 한참 고등학교 올라와서 대학 얘기, 군대 얘기 많이 하더라고요. 어렸을 때는 제가 "동영아, 결혼하면은 너 엄마, 아빠랑 같이 살 거야?" 그랬더니 "엄마, 당연히 그렇게 같이 살아야죠" 하는 거야. 그래서 "너 여자 친구가 싫어할 건데, 여자 친구가 싫다고 하면 어떻게 할 거냐"고, "그럼, 여자 친구랑 헤어져야죠?" (웃으며) 중학교 와서 제가 그 말이 잊혀지지가 않는 게 중학교 와서 제가 물어봤어요. "동영아, 결혼해도 여전히 엄마, 아빠랑 같이 살 거야?" 그러니까 "엄마, 한집에 사는 거는 그렇구요, 건물 하나에 엄마, 아빠는 1층에 살든 우리는 2층에 살든 그렇게 사는 게 좋지 않을까요?" 그러더라구. 그리고 고등학교 가니까 한동네 살겠다고 (웃으며) 동영이한테 (한숨을 내쉬며) 너무 못 해준 것만 많고….

면담자   못 해준 거 뭐가 제일 걸리세요?

동영 엄마   못 해준 거요? 모든 게 다 못 해준 것 같아요. 제가 제대로 만족하게 해준 게 진짜 없다는 생각을 많이 해요. 왜 동영이가…….

면담자   동영이는 그렇게 생각하지 않을 거예요.

동영 엄마   근데 제가 동영이 보내놓고 한 9월 달 쯤에 꿈에 애가 그 모습이 너무 생생하게 보여가지고, 그냥 교복을 다 입고 그리고 왔더라구. 머리부터 발끝까지 제가 다 봤거든요. 근데 딱 나와서 하는 말이 "엄마, 나 장가 보내줘" 그러는 거예요. 그 표정이 너무 억울해하는 표정? 그런 표정으로 기억이 돼서. 말로는 꿈속에서도, 근데 쟤가 교복을 입었으면 고등학생이잖아요. "무슨 벌써 장가를 보내달라고 해?" 그러고. 근데 꿈속에서도 애들이 사고 났다는 걸 항상 인지를 해요, 항상 무슨 꿈을 꿔도 인지를 하는데 애한테 안 된다는 얘기를 하면 안 될 것 같은 거야. "장가 갈 나이도 아닌데 무슨 엉뚱한 소리를 해?" 그러고서 대답 그냥 얼버무리면서 "그럼 장가 보내줘야지" 그냥 그런 식으로 그냥 얼버무린 그런 꿈도 꾸고. 그 억울해하는 표정이 [안] 잊혀.

면담자　　혹시 동영이 여자 친구 있었나요?

동영 엄마　　저한테는 얘기 안 했거든요. 근데 친구가 사귀는 게 아니고 그냥 지 혼자서 짝사랑해서(웃음).

면담자　　짝사랑하는 여자 친구가 있었대요? 같은 학교에요?

동영 엄마　　같은 학교는 아닌 것 같아요. 같은 학교는 아니고 고등학교 때도 애들, 중학교 때도 여자 친구들도 있고. 학교는 달라도 그때도 여자애들, 남자애들 같이 데리고 와서 같이 집에서 시험공부 한다고 같이 시험공부도 했었고. 그런데 제가 문을 열으니까 다 그냥 드러누워 가지고 (웃으며) 핸드폰 하고 누워서 책 보는 놈들도 있고, 그래서 "너희들은 무슨 공부하러 와가지고, 아이구 태도 좀 봐라" 그랬더니 "엄마, 걱정하지 마세요. 다 그래도 공부 다 하고 있다"고 (웃으며) 그렇게 와서 공부도 하고 가고.

2014년의 투쟁 및 공동체 활동 경험

면담자　　　4·16 이후에 투쟁 및 공동체 활동 경험에 대해서 질문을 드리도록 하겠습니다. 저희 구술팀에서 활동을 시기별로 정리를 했는데 하나씩 이야기를 하면 각각의 활동에 대해서 참여하셨는지, 참여하셨다면 어떠셨는지에 대해 이야기를 듣도록 하겠습니다. 2014년부터 할게요. 5월 8일에서 9일 KBS 본관 항의 방문 및 청와대를 향한 도보 시위가 있었어요.

동영 엄마　　　거기에는 저희들이 참석을 못 했어요.

면담자　　　네, 그때는 당연히 그러셨을 거 같고. 5월 27일에서 29일에 세월호 참사 진상 규명을 위한 국정조사를 요구하면서 국회 앞에서 2박 3일 동안 농성을 했을 때 계셨나요?

동영 엄마　　　국회도 그때 당시에는 거의 매일 출근하다시피, 아빠는 아예 거기서 거의 잔 일도 많았었고 저는 애 때문에 왔다 갔다 그냥 하고.

면담자　　　세월호 참사 당일에 아버님께서 서류를 구청에 내시고 돌아오면서 소식을 들으셨어요. 그다음에 나중에 구청에서 통보가 왔을 거 아니에요? 그건 언제쯤이었나요?

동영 엄마　　　그때는 서류를 넣으러 갔을 때도 일은 하기로 확정이 된 상태였구요. 서류가 하나가 빠져서 그냥 그거만 제출하러 갔었거든요. 가고 사고가 난 이후에 연락이 와가지고 "지금 당장은 일을 못 하지 않느냐" 해서 "그럼 일을 6개월을 연장 미뤄주겠다"고 그쪽에서 먼저 얘기를, 시청 쪽에서 얘기가 먼저 왔고. 진도 있을 때에도 거기 분들이 몇 분 오셨었고.

면담자　　　아버님은 그 기간 동안에 유가족 활동에 계속 참여를 하신 거네요?

동영 엄마　　열심히 했죠.

면담자　　　네, 어머님은 그러면 가게를 하셨나요?

동영 엄마　　처음에 가게를 하려고 생각을 했었어요. 지금 동영이 보내고 한동안은 그거는 생각도 않다가 나중에 가게가 아무래도 계속 문이 닫혀 있고 세는 계속 나가는 상태잖아요. 그래서 가게를 내놓을까도 생각을 하다가, 해볼까도 생각을 하다가 가게를 들어갔는데 자꾸 동영이 생각이 나서 안 되겠더라구, 먼저 겁이 나가지고…. 항상 야자 안 하고 오는 날도 그렇고 야자 하고 오는 날도 그렇고 항상 들어오면은 가게 먼저 들어와서 그냥 밥 먹고 올라가고. 야자 안 하는 날은 일찍 오면은 동영이 오는 시간이 항상 바쁜 시간이었어요. 와서 "엄마 배고프다"고, "엄마, 배고파요" 그러면 뭘 그 시간에 해줄 수가 없으니까 그냥 금고에서 돈 꺼내가지고 가서 "너 먹고 싶은 거 가서 사 먹으라"고 그럼 돈 꺼내가지고 가서 항상 잔돈은 다시 갖다놓고, 그걸 안 쓰고 1,000원이 남든 2,000원이 남든. 그래서 제가 "아니, 너 그거 가지고 있다가 나중에 내일이라도, 내일도 그렇고 이따가 저녁에라도 먹고 싶은 거 있으면 사 먹으라"고 그랬더니 "엄마가 돈이 그렇게 많으세요?" 이러는 거야(웃음). 항상 돈 같은 거도 함부로 쓰지도 않았고 설날에 세뱃돈 받고 돈 생기면은 "엄마, 돈 없으면 제 돈 갖다 쓰세요, 그냥" 할 정도로 진짜 욕심이 없었어요, 딸하고 틀리더라고(웃음). 우리 딸은 안 그래(웃음).

면담자   그렇군요. 그러면 어머님은 가게는 안 하시고 닫아놓은 상태였네요?

동영 엄마   몇 개월 그냥 문은 닫아놓은 상태에서 그냥 활동은 계속하고 다녔어요.

면담자   가게를 빼지는 않으시고.

동영 엄마   네, 그때는 가게 일단은 내놓기는 해야 되겠는데 거기에 신경 쓸 수도 없고 그냥 문은 닫아놓은 상태에서 계속 활동은 하러 다니고. 그러다가 나중에 아는 언니? 동생이 한다고 해서 그냥 넘겼죠.

면담자   6월부터 세월호 특별법 제정을 촉구하는 천만 서명운동으로 거리 서명과 버스 투어를 했는데, 그때 같이하셨나요?

동영 엄마   네.

면담자   그때 어머님은 어디 주로 나가셨나요?

동영 엄마   일단 가는[갔던] 게 전주가 기억이 나고, 어디더라? 하튼 거의 반별로 해서 지역을 이렇게 나눠서 그러고 갔거든요. 제가 매번 멀리 가는 데는 ○○이 때문에 못 가고 그래서. 그래도 될 수 있으면 안 빠지고 거의 다닌 편이에요.

면담자　　　당시 6반 반 대표는 누가 하셨었나요?

동영 엄마　　그때 당시에 장환이 엄마.

면담자　　　지금 반 대표는 누구세요?

동영 엄마　　지금은 순범이 엄마.

면담자　　　어떻게 보면 인생에서 처음으로 길거리의 사람들에게 서명을 부탁하는 경험을 해보신거잖아요? 일반 시민들을 만나본 경험은 어떠셨나요?

동영 엄마　　처음에는 입이 안 떨어지죠. 나가서 길거리에 그렇게 서 있는다는[게] 자체도 너무 어색하고 진짜 저기로 숨고 싶고 그러기도 했었거든요? 그러다가 그렇게 서명을 받으러 다니면서 조금 용기를 냈던 게, 처음에는 쑥스러워 갖고 사실 목소리도 못 냈어요. 목소리도 못 내고 했는데 그때까지만 해도 지지해 주시는 분들이 응원해 주시는 분들이 많았잖아요, 그래서 가는 데마다 그냥 힘내라고 함께하겠다고 그러고. 물론 이런 분들이 많아지니까 당당해지는 거도 있고요. 그래서 일단은 저희들이 아이들[이 죽게 된] 진실을 밝히기 위해서 싸우는 것이고 집에 와서도 항상 그렇게 다짐을 해요. 다짐을 하고 아침에 가면은 보통 거의 어떤 때는 새벽에 대부분이 저녁 늦게서야 거의 도착을 하거든요, 그래도 거의 안 빠지고 나갔었던 것 같고. 물론 손가락질하시는 분들도 많았고 무관심한 분들도 많았고 그럴 때마다 사실 길거리에서 힘도 받고 상처도 받고 많이 울기도 하고, 욕하시는 분들이 있으니까 그 소리 듣고 나면 그때는 너무 억울하잖아요. 이게 억울한 마음이 컸었고.

면담자   어떤 이야기가 제일 억울하고 화가 나시던가요?

동영 엄마   그때도 "이 사고 난 게 청해진해운 잘못이지, 왜 이거를 국가 탓으로 돌리느냐" 그리고 한창 그 말이, 저희 애들이 놀러가다 죽었다느니 그런 말도 있었고.

면담자   혹시 가깝게 지내던 친구들이나 친척들이나 이 분들은 그래도 위로를 해주셨나요?

동영 엄마   위로라기보다는 그냥 아무 말도 안 하는 거죠. 아무 말도 안 하고 몇 개월이 벌써 지나고 나니까 "어떡하냐, 잊어야지" 그냥 이 소리를 제일 많이 들었던 것 같아요. "어떡하냐, 이제는 잊고, 이제는 일상생활로 돌아가야지" 근데 제가 남들 이렇게 탓만도 할 수 없고 그 사람들 욕도 할 수 없는 게, 일단은 내 가족들도 그렇고 내 주변에 진짜 10년 가까이 알던 이런 사람들도 대부분이 그런 얘기들을 많이 하더라구요. 처음에는 같이 울어주고 위로도 많이 해주고 그런데 그게 그냥 위로에서 그냥 끝난 것 같아요. 위로에서 끝난 것 같고, 우리가 그 활동을 하러 다니면서 거의 집에 안 있고 거의 매일 그렇게 나가고 저녁에 늦게 오고, 그거를 주변에서도 이웃들이 매일 보다시피 하니까 몇 개월이 지나니까 그런 소리를 많이 해요, 또 나가냐고.

그러고 광화문 가서도 저희들이 집회하고 할 때도 저희들 일에 일단은 관심이 있다기보다는 "왜 싸울라면 가족들끼리만 싸워야지". 거기에 민노총이든 무슨 단체들이 많이 개입이 되잖아요. "왜 그 사람들하고 같이 엮어 가냐"고 그런 소리들도 많이 하더라구. 처음에 힘들었던 게, 힘들었던 거보다는 그래도 서명받으러 다니면서는 초창기에는 그래도 많이 힘을 얻고 다녔어요. 일단은 지지해 주시는 분들이 많아서 오히려 나가는 게 저희들이 더 편하더라고, 집에 있는 것보다.

면담자   7월 12일부터 119일간 4·16특별법 제정 촉구 단식 농성이 국회 본청과 광화문광장에서 있었습니다. 그때 어머님도 거기 계셨었나요?

동영 엄마   네.

면담자   그때 어떠셨나요? 국회에서 농성하는 동안 깨달음을 얻으셨다거나 혹은 기억나는 장면이 있으신가요?

동영 엄마   일단은 국회에[는] 높은 사람들만 힘 있는 사람들만 들어가는 곳, 그렇게만 생각을 저는 많이 하고 있었거든요. 그리고 국회의원 그러면 TV에나 나오고 다른 내가 사는 지역구 아니고서는, 지역구도 사실 국회의원들 얼굴 보기가 힘들잖아요? 선거운동 할 때나 한 번씩 비치고 그런 사람들이 들락날락하는 곳인데 진짜 거기 국회에 들어가 있으면서 그 사람들이 사람으로 안 보이더라구요. 그 전에는 '진짜 높은 사람' 이렇게만 생각을 하고 있었는데, 진짜 보기 힘든 사람들이잖아요. 사람들이 배운 만치 진짜 높은 자리에 있는 만치 사람 구실도 못 하는 사람들만 모여 있는 곳? 그냥 쓰레기 같았어요, 사실 쓰레기 집단 같았어요. 어떤 감정도 없는 사람들이고 자기들 이익만 추구하는 사람들이고.

면담자   어떤 구체적인 장면이 혹시 기억나는 것 같은 게 있으시나요?

동영 엄마   장면 같은 거는, 한 번씩 지나가면서 손잡아 주시고 하시는 분들도 있는데, 대부분 여당 쪽에서는 그냥 지나가도 느낌이 그래. 저희들도[을] 쳐다보는 눈길이 그냥 벌레 쳐다보듯이 그렇게 쳐다보고 지나간달까 그냥 그런 느낌을 많이 받았고, 그래도 야당 의원들 중에서는 같이 이렇게 해주시는 분들도 있잖아요. 그래서 같이 그 자리에 앉아서 같이 얘기도 들어주시고, 저희들이 이 일이 있고 나서 그런 얘기를 많이 듣잖아요, "정치적으로 흘러간다"는 얘기를 많이 듣는데 정치적이라기보다는 사실 우리 얘기를 들어주는 사람이 필요한 거잖아요, 저희들 입장에서는. 근데 새누리나, 이 새누리? 여당 같은 경우에는 저희들 얘기 아예 들어주지도 않았고 그냥 다 무시해 버리고. 그래도 야당 의원들 몇몇은 같이 그래도 그 자리에라도 같이 앉아 있어주고 얘기를 들어주고 그러다 보니까 저희들도 그분들한테 얘기를 하게 되는 거고. 그러면 야당에서 어떤 목소리가 언론을 통해서 이렇게 나가면은 그거를 일반 국민들은 정치적으로 그거를 사건 갖고 이용을 한다는 말들도 많이 하고.

면담자   저도 생각이 나는데 야당 의원들은 그 당시에 가족분들 지지하는 그런 행동과 모습을 보이다가 유가족이 특별법에서 요구한 수사권, 기소권을 배제하고 독단적으로 박영선 대표가 여야 합의를 하고 그랬었잖아요? 어떠셨나요? 그래도 야당 쪽 국회의원들이 지지를 해줬으니 더 신뢰가 가시나요, 아니면 그냥 야당이든 여당이든 국회의원 그놈들은 다 자기들 이익에 따라서 하는 사람들이다 이런 생각이 드시나요?

동영 엄마 　그죠, 일단은 자기네들 이익에 따라서 그렇게 얘기를 많이 한다는 생각은 떨쳐버릴 수가 없어요. 그거는 지금도 마찬가진데 그래도 우리가 조금이라도 이렇게 기대고 있을 그런 사람은 있어야 되잖아요. 이게 정치적이지는 않지만 우리가 진상을 밝히는 데 필요한 거라면 일단은 힘 있는 사람도 필요한 거고 정치하는 사람도 필요한 거고. 그러니까 아무래도 야당이 조금은 우리가 원하는 걸 그래도 희망을 걸어봐도 되지 않을까 하는 그런 생각은 있어요. 근데 불안불안해요, 사실.

면담자 　야당 의원들이 조금은 더 낫지만 유가족분들의 뜻을 완전히 대변해 주거나 믿음을 주는 분들은 사실 없는 것 같은 그런 느낌이신 거죠? (동영 엄마 : 네) 그리고 7월 15일에 세월호 특별법 제정 촉구 350만 명 서명지를 국회에 전달했습니다. 그리고 7월 23일, 24일에 특별법 제정 촉구를 위해 안산 합동분향소에서 광화문광장까지 도보 행진을 했고 서울시청 앞 서울광장에서 세월호 참사 100일 집회를 했었는데 기억나세요? (동영 엄마 : 네, 네) 그때 혹시 생각나시는 거 있으세요?

동영 엄마 　글쎄, 없는데. 도보 할 때도 같이 걸어봤고요.

면담자 　○○이는 같이 갔나요?

동영 엄마 　○○이가 한번은 같이 갔었는데, 그날은 아마 안 갔었던 것 같아요. 도보를 하면서 그때 ○○이 같은 경우에는 그 전에 애들이 아무래도 SNS 같은 걸 많이 보잖아요. 보면서 상처도 많이 받고 댓글을 보면 애가 욕을 하고 그러는 거야. 진짜 감정이 격해져 가지고 안 했으면 하는 그런 단어들도 그냥 쏟아내고 밤에 잠도 제대로 못 자고. 그래서 제가 한번 도보, 도보 할 땐가요? 한번 데리고 간 적이 있었거든요, 일부러 한번 가보자 했어요. 저희들은 [활동하러] 다니니까 물론 그렇게 욕하는 사람들도 많지만은 나가면 응원해 주는 사람들도 많다는 걸 사실 보여주고 싶었거든요. 애 정서적으로 안정이라도 되지 않을까 싶어서 가자고 했더니 흔쾌히 가겠다고 그래서 같이 걸어간 적이 있었는데, 그때도 사람들이 엄청 많이 모였을 때예요. 모였는데 거기를 한 번 같이 다녀와서 그래도 애가 많이 위안을 받는 것 같더라고. 그리고 "엄마, 나는 진짜 욕하는 사람이 더 많은 줄 알았"대는 거예요. 욕하는 사람들이 더 많은 줄 알았는데 가서 보니까 내가 생각했던 거보다 지지해 주는 사람들이 어마어마 하다고. 그래서 "엄마 나 댓글에 욕 달고 그런 사람들 신경 안 써도 될 것 같다"고, "그래, 걔네들은 다 댓글부대 이용해서 이렇게 악플 들 다는 사람들이니까 그런 쪽으로 그래도 좋게 생각을 하고". 저도 [○○이도] 잘 갔다 왔다고 얘기를 하더라고요.

그때 국회에서 저희들이 도보 할 때도 사실 많이 힘들었어요. 부모들도 몸이 계속 [농성] 다니고 하다 보니까 몸 상태들도 많이 안 좋았고. 걸으면서 많이 힘들기도 하지마는 아이들 그 마지막 고통에 비하면 아무것도 아니라는 생각이 들어서 참고 지금까지도 그렇게 또 살아오고 있고요. 그 서명지를 들고 갔을 때는 될 줄 알았어요,

동영 엄마 이선자

국민들이 이만치 지지를 해주는데 쟤네들이 아무리 국회의원이래도, 국민들이 이렇게 원하는 건데 그거를 그냥 무시할 수 없을 거라고 생각을 했어요, 대통령도 그렇고. 근데 결국은 다들 "아, 진짜 사람이 아니다" 그것마저도 다 무시해 버리고 아예 받아들이지도 않고.

면담자   받아들여 줄 거라고 믿으셨었던 것이 우리가 뽑은 사람들이기 때문에 그렇다고 생각을 하셨던 건가요, 아니면 이 사람들도 우리랑 똑같은 인간이고 자식 키우는 사람인데, 부모들이 그리고 시민들이 원하니까 그래도 상식이 있는 사람이면 들어주겠지 이러한 생각이셨나요?

동영 엄마   후자죠, 후자 쪽이죠. 어차피 그 사람들도 집에서는 아버지고 가장이고 그럴 거 아니에요. 자식 키우는 부모고 그러니까 '부모 마음이니까 똑같지 않을까' 그런 생각도, 그런 생각이 그래도 제일 먼저 들었어요. 그런 사람이라면 자식 일인데 이거를 그냥 방관하지는 않겠다는 그런 희망 같은 게 있었는데…. 근데 저희들이 매일 겪는 게 믿었다가 배신당하고 이거잖아요. 이게 계속 지금까지 반복이 되고 있다 보니까. 그 사람들도[정치인들도] 아주 우리가 진짜 무시해서는, 무시할 수는 없는 사람들이지마는 우리가 필요하니까. 근데 인간적으로는 사실 인간으로 안 보고 싶어요.

면담자   그 사람들이 왜 안 들어준다고 생각을 하세요?

동영 엄마   자기네들 권력 유지 위해서, 그 힘을 안 뺏기기 위해서, 자기네들 지금 있는 자리 그냥 보존하기 위해서 더 큰 욕심을 가지고 있다고 생각해요.

면담자   8월 15일에 '특별법 제정 촉구를 위한 범국민대회'가 광화문광장에서 있었어요. 낮에 프란치스코 교황이 방문을 했었죠. 많은 가족분들이 프란치스코 교황의 발언이라든지 그 태도를 반가워하시거나 고마워하신 분들이 있었어요. 어머님도 범국민대회 기억하시나요?

동영 엄마   네, 저는 지금도 동영이 같은 경우에는 제가 절에다가 위패까지 이렇게 만들어놓고 했는데, 천주교도 성당에도 저도 한 번도 가보지는 않았고요. 그때는 제가 바랐던 게 일단은 지금까지 모이지 않았던 더 많은 사람들이 모이는 자리잖아요. 거기에서 우리 목소리를 낼 수 있는 기회가 될 수도 있었고, 그 모든 눈이 프란치스코 교황한테 다 집중되는 날이고 그래서 프란치스코 교황 그 사람 자체보다는 우리는 우리 목소리를 이야기할 수 있는 기회, 그쪽으로 오히려 저는 관심이 더 컸어요. 그랬는데 외국인이잖아요, 그래도 한 나라의 진짜 내가 사는 나라의 대통령도 우리를 거들떠보지도 않고 국회에 들어와서도 옆을 지나가면서도 처다보지도 않고 진짜 지나가고 있는데 [프란치스코 교황은] 이렇게 행렬 사이로 지나가면서 거기에서 내려서 그래도 손잡아, 그때 유민 아빠 손까지 잡아주시고 그러고 가셨는데. 그 자체만으로도 위안은 됐었어요. 위안도 되고 저희 부모들이 다 그 교황을 보기 위해서 간 건 아니잖아요. 사실 목적은 따로 있었잖아, 목적은 따로 있었지만은 그래도 위안을 받는 자리는 된 것 같아요.

면담자   그때 엄청 많은 국민들이 모였었잖아요. 그런 걸 통해서도 많이 위안이라든지 어떤 힘을 얻으시고 그러셨나요?

동영 엄마   그때는 세월호에 대해서는 크게 얘기가 많이 나오진 않았잖아요, 그 자리에서는? 그 우리가 있는 그쪽으로 내려서 그냥 손잡아 주고 그러고 간 것밖에는 없고. 그래도 리본이라도 달고 계시고 그런 거 보니까 위안은 됐는데, 주변에서 어떤 어른들이 하시는 [말을 들었어요].

면담자   15일 날 저녁에 세월호 특별법 제정을 위한 범국민대회를 크게 하지 않았었나요? 같은 날일 거예요.

동영 엄마   아마 그랬는데 정확하게는 제가…. 그날 있기는 있었어요(웃음). 그 주변에서 그분도 천주교 신자분이셨을 거고 근데 손잡아 주고 그러고 가시는 걸 보고 어떤 분이 "무슨 세월호 유가족이 특권이야?" 하는 소리를 제가 들었어요. 그래서 여기에 모인 사람들이 진짜 좋은 마음으로, 진짜 내가 신앙생활을 하면 천주교든 기독교든 불교든 간에 일단은 사랑이라는 그게 사랑, 용서 이런 게 많이 밑바탕이 되잖아요. 그 사람들이 그런 얘기를 하는 걸 사실 듣고서 '아, 이 사람들도 다 똑같지는 않구나' 물론 같은 『성경』이든 뭐든 같은 책을 가지고 공부를 하고 거기서 사랑을 배우고 용서를 배우고 하는 사람들이지마는. 이 사람들도 그냥, 하기야 다 똑같은 사람들이니까…. 근데 그 자리에서조차 그런 얘기를 한다는 게 상처받은 말? 그날.

면담자   그리고 8월 22일부터 서울 종로구 청운동 주민센터에서 장장 76일간의 농성을 진행했습니다. 이때 같이 계셨나요?

동영 엄마   출퇴근했어요(웃음).

면담자   ○○이의 불만은 없었나요? 어머님, 아버님 두 분 다 그렇게 출퇴근하신 건가요?

동영 엄마   네.

면담자   그런 거에 대해서 어떻게 ○○이는 지지하는 입장이었나요?

동영 엄마   그냥 아무런 표현도 않더라고요. 그런데 그 일이 필요하다는 거는 알고 있으니까, 저도[○○이도] 알고 있고 그러니까 다니고 아침에 나갔다가 저녁에 들어오고 한다고 해서, 그래도 크게 불평불만은 없었던 것 같아요. 없었는데 한 번씩 나가면서 저는 드는 생각이 '또 다른 아이를 내가 방치를 하고 있구나' 하는 생각은 항상 가지고 나가거든요, 지금도 마찬가지고.

면담자   ○○이가 그때는 아직 중3이었을 때죠?

동영 엄마   네.

면담자   고등학교를 올라갈 때니까 사실 ○○이한테도 중요한 상황인데 ○○이 고등학교 결정은 어떻게 했나요?

동영 엄마   고등학교는 추첨식이었으니까 애들이 성적순으로 가는 게 아니었잖아요. 어쨌든 동영이 때부터 평준화가 된 거고 그래서 일단 강서를 지원을 했어요. 저희들이 그때 당시에는 와동 쪽에 살았고, 강서를 지원을 하고. 저는 처음에 생각이 '단원을 갔으면 좋겠다' 하는, 생각을 저는 혼자 했었거든요. 일단은 오빠가 다니는 학교이고 이 단원고가 그렇다고, 애들이 이렇게 됐다고 금방 이렇게 사라지는 학교가 되어서도 안 되잖아요. 되어서도 안 되고 오빠의 흔적이 일단은 남아 있는 곳이니까. 글쎄요, 다른 거보다도 그냥 큰 이유가 있었던 건 아닌데 그냥 '단원고 가는 거도 괜찮을 것 같은데' 하는 생각을 했어요. 일단은 동영이의 흔적이 일단 제일 컸었던 것 같고, 그러면 그때 애들 교실도 있고 하니까 교실도 자주 들어가 볼 수 있고. 내가 못 가더라도 ○○이가 가서 한번 그 의자에 앉아볼 수도 있고 그런 생각을 많이 했던 것 같아요.

면담자   ○○이도 알고 있었나요?

동영 엄마   아뇨, 얘기는 안 했죠. 그래서 저 혼자만 그렇게 생각을 했는데 저는[○○이는] '단원고는 가기 싫다'고 하더라구. 단원고는 가기 싫고 그래서 단원고를 제일 끝으로 썼어요. 강서를 제일 먼저 쓰고 그렇게 해서 썼는데 의외로 □□고로 떨어진 거예요, 제일 먼 데로.

면담자   □□고도 쓰셨나요?

동영 엄마   예예. 같은 학군이어서 □□고로 됐는데 강서를 쓰고 처음에 그러더라고. "엄마, 괜찮아. 오빠가 도와줄 거야. 오빠가 도와주니까 나 강서 갈 수 있을 거야" 그랬는데 □□고로 돼버린 거예요. 근데 와동중학교에서 □□고 간 애들이 두 명인가? 그러니까 대부분이 단원 아니면 강서 다른 데로 흩어진 애들도 있고 특성화 간 애들도 있고 하니까. 근데 ○○이가 그쪽으로 떨어져서 처음에는 어떡하나 걱정을 참 많이 했거든요. 참 많이 했는데 학교를 다니면서 한 달, 두 달 이렇게 다니면서 어느 날 얘기를 하더라고. "엄마, 오빠가 일부로 나를 생각을 해서 □□고로 되게끔 해준 것 같애" 하는 얘기를 하더라고. 그래서 "왜?" 그랬더니 "내가 강서를 갔으면은 동네 애들이고, 그러면은 걔네들하고 지금까지 공부해 온 스타일도 그렇고 이게 똑같지 않냐"고 그러면 이게 자극이 안 되는데 □□동쪽은 그래도 시내 쪽이잖아요. "그쪽을 가니까 시내 애들이 많고 공부하는 거도 내가 동네에서 공부하는 것하고는 다른 것도 보고 그랬으니까 자극이 된다"고 하더라고. "아, 오빠 뜻을 이제 알겠다" 그 얘기를(웃음).

면담자　　　○○이가 모든 거를 좋게 이야기를 하네요.

동영 엄마　　네, ○○이가 애어른 같애요.

9
2015년의 투쟁 및 공동체 활동 경험

면담자　　　2015년으로 갈게요. 1월 26일에서 2월 14일까지 온전한 세월호 인양과 실종자 수습 및 진상 규명 촉구를 위한 안산에서 팽목항까지의 도보 행진이 19박 20일로 있었는데 여기에 참여하셨나요?

동영 엄마　　저는 처음부터 참석은 못 했고 중간에 어디 어느 구역에선가? 하루 걷는 때가 있었어요, 그럴 때 그때 한 번 참석을 하고.

면담자   그럼 아버님은 언제부터 일을 하시기 시작했나요?

동영 엄마   2015년 1월부터 시작을 한 거예요.

면담자   그럼 2015년 1월 때부터는 아버님은 직장을 다니시기 시작했고, 출퇴근하시는 거죠? 그리고 어머님은 다시 가게를 하시지는 않고.

동영 엄마   네, 저는 지금까지 [안 해요].

면담자   네, 1주기가 가깝게 되면서 많은 일들이 있었는데요. 4월 4일에 정부 시행령 폐기를 촉구하는 2차 삭발식 이후 1박 2일 동안 아이들 영정 사진을 들고 광화문까지 도보 행진을 한 적이 있어요. 상복도 입고 영정 들고 그렇게 움직이셨고, 그리고 4월 6일에 세종시 해양수산부 청사에 항의 방문했고, 그때도 같이 가셨나요? (동영 엄마 : 네.) 거기서 전경들하고 부딪혔었죠?

동영 엄마   네, 그렇죠. 저희들이 가는 데마다 항상 있었으니까, 경찰들이 항상 막아서.

면담자   무력 진압이라든지 이런 것도 처음 경험하신 거죠? 그 전에도 데모를 하고 이러신 적이 있었나요?

동영 엄마   (한숨을 내쉬며) 없었죠. 너무 평범하게 살았는데.

면담자   공권력과 대치를 한다든지 무력에 몸으로 맞선다든지 이런 경험은 어떠셨나요?

동영 엄마   처음에는 사실 무서웠어요, 처음에는 그 경찰.

면담자　　　　맨 처음에 언제 경험을 하신 건가요?

동영 엄마　　　저희들이 광화문 가거나 국회 가거나 항상 갈 때마다, 그리고 집회 있을 때마다 경찰 차벽부터 해서 가면은 진짜 새까맣게 그렇게 깔려 있다시피 했었거든요. 처음에는 많이 무섭기도 했고, 근데 의경이 다 우리 아이들보다 한두 살 많은 그런 애들인데 그냥 그렇게만 생각을 했었는데 이게 한두 사람이 아니라 그렇게 진짜 셀 수 없을 정도로 새까맣게 모여 있으니까 사실 위압감 같은 게 먼저 들더라고요. 처음에는 이렇게 진짜 조심도 하고 겁이 나서 떨어져 있고 그랬었는데 나중에는 저희들이 하는 일마다 막히고 그러다 보니까 화가 나잖아요. 화가 나니까 이게 무섭다는 것도 그때는 [몰랐어요]. 계속 그 생활이 반복이 됐었고 그러다 보니까 무서운 거도 나중에는 점차 사라졌던 것 같아요.

　　그런 것도 사라지고 이제는 같이 있으면 밀고 당기고 그런 식으로 그냥 싸워도 보고 했는데 어떻게 보면 의경들도 불쌍하다는 생각들은 많이 하죠. 얼굴을 보면은 다 너무 앳된 애들인 거예요. 앳된 애들이고 '어휴 너네들도 진짜 대통령 잘못 만나 고생이고, 이런 나라에 태어나서 고생이고' 그런 생각들 하면서도, 저도 그렇다고 의경들도 다 마음이 똑같지는 않잖아요. 조금 있으면은 "어머니 조심하세요" 하는 애들도 있어요, "다치시니까 조심하세요" 하는 애들도 있고, 어떤 애들은 적극적으로 해서 막는 애들도 있고 위화감 이렇게 조성하는 애들도 있고. 그러다 보니까 그냥 일단 경찰이라 그러면은 다 일단 똑같이 보게 되는 거죠.

동영 엄마 이선자

면담자　　　4월 16일에 1주기에 시행령 폐기를 요구하며 광화문 연좌 농성을 하셨어요. 그때 1주기가 되기 한 2주 전에 해수부에서 온 문자였나요? 배·보상 관련된 문자들이 오고, 5월 1일에 시행령 폐기를 위한 1박 2일 철야 농성을 하면서 캡사이신 물대포가 등장을 하고요. 4월 29일 선거 직전에 대통령이 당시 세월호 인양 발표를 했지만 결국엔 인양되지 않았었죠. 이 과정에서 어머님의 기억에 가장 남는 부분은 어느 부분이셨나요? 힘들고 화가 났던 때라거나.

동영 엄마　　음, 배·보상 관련해서….

면담자　　　네, 그 1주기 즈음해서.

동영 엄마　　일단은 제일 화가 났던 게 배·보상 얘기가 나온 것이었고요. 그 시점을 계기로 주변에 사실 많은 사람들이 돈 얘기를 많이 하더라고요. 근데 돈 얘기를 직접적으로 물어보지는 않는데 "어떻게 해결됐어?" 하는 돌려서 묻는 그런 얘기들을 많이 하더라고. 근데 저희들이 느끼는 거는 "아, 돈 얘기를 하는구나" 하는 걸 알았고. 처음에는 몇 번은 저 같은 경우에도 대답을 안 했거든요. 대답도 안 하고 했는데 자꾸 만나는 사람들마다 그런 얘기를 자꾸 묻는 거예요.

면담자　　　어머님은 정부의 배·보상 발표 이후에 시민들이나 주변 사람들 태도가 바뀌고 있다는 걸 느끼셨나요?

동영 엄마　　그런 눈으로 볼 거 같다는 어쩌면 저 혼자만의 느낌일 수도 있고 그런데 오히려 그런 시선으로 보는 사람들이 많이 많아지지 않았나 하는 건 있어요. 그 돈 얘기를 주변에서도 지나치는 말로 그렇게 하는 얘기를, 저희들은 그런 게 그냥 쉽게 들려지지는 않잖아요. 항상 "해결됐냐?"는 그런 식으로만 사람들이 많이 물어보고. 그래서 한번은 화가 나서 "해결요? 무슨 돈 얘기하는 거냐"고 제가 얘기를 한 적이 있어요. "지금 보상받았냐고 물어보고 싶은 거 아니냐"고 그랬더니 아무 얘기를 않더라고. 주변에서도 그 얘기가, 언론 보도에서도 배·보상 얘기가 이렇게 나가고 하다 보니까 일단은 주변 사람들이 불편해지는 거예요. 제 스스로가 불편해지고 물론 이 사람들이 말은 안 하지마는, 대놓고 말은 안 하지마는 자기네들도 다 보고 듣고 할 거 아니에요. 근데 그 전에 저희들이 배·보상 얘기 나오기 전에는 그렇게 많이 밖으로 다니고 싸우고 그러기도 했지마는, 그런 것에는[투쟁 활동에는] 크게 관심도 없고 별다른 얘기도 없던 사람들이 배·보상 얘기가 나오면서는 이렇게 말하는 게 달라지는 느낌도 받았었고. 그래서 그 이후로 주변 사람들이 많이 거리감이 생겼다 그럴까요? 많이 부딪치는 게 괜히 불편하고 저부터도.

면담자　　　혹시 같이 싸운 희생자 가족분들 사이에서의 관계도 혹시 바뀌었나요?

동영 엄마　　지금 현재요?

면담자　　　아니요, 그 배·보상 전후로 해서.

동영 엄마　　전후로 해서….

면담자　　　그때 입장들이 많이 달랐잖아요, 그죠?

동영 엄마　　처음에는 그렇게 큰 변화는 저는 느끼지는 않았었거든요. 근데 제 스스로가 이거는 당연히 배·보상 얘기가 물론 나왔지마는, '우리가 처음부터 원하는 게 진상 규명이었고 그걸 위해서 지금까지 싸워왔는데 배·보상 얘기가 나온다고 해서 부모들이 달라질까?' 그런 생각을 저는 했어요. 나하고 다 똑같은 부모인데 다 똑같은 생각일 것이라고 물론 생각을 했었고. 근데 그 배·보상을 어느 정도 지나고 나서 신청하는 사람들이 생기고. 근데 저는 그거를 그렇게 그 사람들이 나쁘다고는 얘기하고 싶지 않아요. 그렇다고 그 사람들이 자식 목숨값 그냥 받은 부모로 취급된다는 것도 사실 아니라 괴[옳지 않다고] 생각하거든요.

그 주변에 시선이 사실 많이 힘들잖아요, 많이 힘들고. 그 사람들이라고 사실 진상 규명의 마음이 없는 거도 아니고, 그리고 아이도 간 아이도 있지만 남아 있는 아이들도 있고 생활도 해야 되고 서로의 여건에 따라서 그건 달라진다고 생각을 해요, 그렇게 생각을 하고. 그리고 주변에 시선? 이런 거도 그 사람들이 못 견디는 이유가 되지 않았을까 그런 생각도 들고. 물론 '조금 아니다' 하고 보는 시선들도 가족들 사이에는 많잖아요. 그런 시선들도 있고 한데 그런다고 그 사람들이 저희들과 다른 부모가 될 수 있는 거도 아니고 똑같은 부모이고 언젠가는….

그리고 지금은 이 사람들이 배·보상을 받고 나서 대부분이 사실 안 나오는, 지금 활동을 안 하시는 분들이 거의 배·보상받은 분들? 그런 분들이 거의 안 나오고 하는데, 사실 지금도 광화문 같은 데도 개인적으로 가시는 분들 많아요. 그러니까 이 벌써 돈 문제가 연관이 되니까 가족들하고 이렇게 사이도 틈이 생긴 것 같더라고. 받은 사람, 안 받은 사람 보는 시선이 사람이다 보니까 조금씩은 다른 것 같아요.

면담자   배·보상에 따라 가협[4·16세월호참사가족협의회] 내에서 사람들이 갈리는 계기가 되었는데, 이 문제를 가협이나 아니면 간부들이 대처를 다르게 했더라면 좋았겠다는 생각을 하시나요? 가협의 결정이라든지 강경한 입장에 대해서 어떻게 생각하셨나요?

동영 엄마   그거를 가협에서 강경하게 해서 나뉘어진 거는 아니잖아요. 서로 그거는 부모님들 어떻게 보면 개개인 생각이고. 그러고 가협에서도 지금도 이렇게 나오시는 활동하는 부모님들 위주로 해서 활동들을 지금도 많이 하고. 근데 반별로 배·보상을 받았다고 해도 어떤 반은 같이 찾아가 주기도 하고, 그런 반도 사실 있다는 얘기를 들었어요. 있다는 얘기를 들었는데 '좀 아니다' 하는 부모님들도 있는 게 사실이구요. 배·보상을 받았다는 자체로서 벌써 안 좋게 바라보는 분들도 있으니까. 글쎄, 그거는 가협에서 강압적으로 한다고 되는 일은 아닌 것 같아요, 되는 건 아니고. 그냥 제 생각에는 그 사람들이 나중에 어떻게 보면 잠시 쉴 수도 있는 시간일 수도 있고, 이 일이 1, 2년 안에 이렇게 금방 끝날 일은 아니잖아요. 언젠가는 이 사람들이 나올 수 있는 계기가 돼서 나올 수도 있고, 저는 그런 생각을 하거든요. 그래서 배·보상을 받았다고 해서 이 사람들을 외면하는 게 아니라 우리가 끌어안고 갈 수 있으면 같이 끌어안고 갔으면 좋겠다는 생각이에요.

면담자   아주 감사한 말씀을 해주신 것 같아요. 9월 1일부터 동거차도 주재 인양 작업 감시를 시작했습니다. 6반은 처음에는 돌아가면서 하는 게 아니었는데 나중에는 돌아가면서 하셨죠?

동영 엄마 순범이 엄마하고 호성이 엄마, 아빠가 거의 맡아서 가다시피 하구요. 저희들은 한 번, 저도 한 번 가봤거든요. 8월 달에 한 번 갔다 오고 나머지는 그 세 사람이 거의 맡아서 가는 날 되면 갔다 오고.

면담자 순범이 어머님하고 호성이 어머님, 아버님 이렇게요?

동영 엄마 네, 고생이 많죠.

면담자 호성이 어머님은 요즘 추모분과에 계시죠?

동영 엄마 네네.

면담자 어떠셨어요, 가보시니? 천막 바꾸기 전에 가신 거죠?

동영 엄마 아니요, 바뀌고 조금 나은 상태에서 간 거죠. 마을에 들어서서, 들어서서는 '여기서 그냥 조금 떨어진 덴가 보다' 거리상 멀지는 않잖아요, 그 동거차도 위에까지 올라가는 길이. 근데 그 산길이다 보니까 그 산속을 진짜, 그때는 8월 달에는 풀들이 진짜 많이 자라 있었거든요. 그런 길을 저는 처음 걸어봤어요, 올라가는데.

면담자 원래 어렸을 때도 산에 사시지 않으셨나요?

동영 엄마 근데 저는 그런 산은 가보지를 않아가지고 진짜 처음 올라가 봤는데, 거기 도착해서 첫눈에 보인 게 바다였고 작업선이었고. 근데 정말 생각보다 그 거리가 너무 가까운 거예요. 진짜 애들이 뛰어내리라고만 했었으면 진짜 가까운 섬으로라도 충분히…. 보니까 군데군데 섬들이 많이 있더라구요. 그랬으면 애들이 섬으로라도 진짜 헤엄을 못 쳐도 구명조끼를 입었으니까 떠밀려서라도 애들이 그렇게 나왔을 수 있을 거린데, 진짜 말 한마디 안 해줘 가지고 애들을 진짜 바다에다 수장시켰다는 게 (한숨을 내쉬며) 너무 믿어지지가 않더라구요.

그때 처음에 사고 났을 당시에도 애들이 그렇게 됐다는 것보다는, 저는 진짜 한동안 그런 망상에 갇혀서 살았던 게 '아, 애들이 어디 섬에 가서 혹시나 있지 않을까? 물살에 이렇게 밀려가지고 애들이 떠내려가서 어디 섬에 도착해서 혹시 애들이 거기에 있지 않을까? 충격을 받아서 지금은 기억을 못 할 수도 있고, 안 그러면 어민들이 애들 구해가지고 보호하고 있을 수도 있고'. 그러니까 일주일이 지나고 열흘이 지나고 그래도 혹시나 그런 상황이면 애들이 늦게라도 오지 않을까 하는 그런 망상을 가지고 사실 진도에 있을 동안도 그 생각밖에 사실 안 했어요. 그 생각만 자꾸 들더라구(한숨).

거기서 그게 너무 가까웠다는 게 충격이었고, 그리고 저희들이 그 동거차도에서 사실 감시를 한다고 망원경으로 본다고 해서 그 작업 현장이 다 보이는 건 아니잖아요. 보이는 건 아닌데도 그것조차도 가로막기 위해서 자꾸 이렇게 그 배 이름이 뭐야, 센첸호인가? 방향을 항상 바꾸더라고요. 저희들이 그래서 한번은 망원경을 갖다가 이쪽으로 가지고 가보고, 이쪽으로도 가지고 가보고 했는데 갈 때마다 배가 방향이 바뀌는 거야. 아니, 우리가 여기서 보면은 뭘 얼마나 보겠냐고. 그러는 거 보고 '진짜 숨길 게 너무 많구나' 조그만 거 하나라도 우리한테 안 들키기 위해서 하는 것 같고. 작업도 가족들한 테 제대로 알리지도 않고 사실은 작업하는 경우도 있었고. '저 사람 들이 진짜 저 안에서 뭘 하고 있을까' 항상 거기에 있으면서 그 생각 을 많이 했던 것 같아요.

면담자　　그 동거차도 갔다 오시면서 팽목항에 미수습자 가족 분들도 만나고 오셨나요?

동영 엄마　　처음에 갈 때 저희들이 분향소만 들리고 그냥 바로 온 게 거기 계신 분들하고 사실 만나는 게 지금은 불편한 것도 있어요. 〈비공개〉 분향소 물론 갈 때마다 들렀다 오는 게 맞는 건데, 거기 가 는 것조차도 그분들한테 어떻게 보면 좀 죄스러운 거죠. 미안하고 그러니까 일단 부딪히면 물론 반가움보다는 먼저 미안한 마음? 그런 마음이 먼저 드니까 사실 불편해요. 불편해서 될 수 있으면.

면담자　　뭐가 그렇게 미안하세요?

동영 엄마　　아이를 그분들은 아직 찾지도 못한 상태고 저희들은 그나마, 그렇다고 애들이 살아 있는 거는 아니지마는 그래도 애들 일단은 우리는 애들을 찾기라도 했지만 그분들은 그조차도 아직 못 하신 분들이잖아요. 그리고 2014년 4월 16일 이후에 그곳에서 거의 살다시피 하고 계시니까 아이들만 기다리고 있는데 저희들이 가서 얼굴을 본다는 것 자체가 같은 부모로서 너무 아픈 거죠.

면담자　　10월부터 단원고 교실 존치를 위한 교육청 피케팅이 시작했는데 그때 어머님 같이하셨나요?

동영 엄마   네, 거의 피켓 매일 나갔어요.

면담자   처음에는 교실 존치에 대해서도 가족분들마다 의견이 다르셨는데 그때 어머님은 어떤 의견이셨나요?

동영 엄마   처음에는 그 교실 존치 얘기가 나왔을 때 처음에는 그냥 그게 대수롭지 않게 저도 생각을 했었어요, 했었는데 주변에서 동네 분들이 하시는 얘기가, "교실은 재학생들한테 돌려줘야 하지 않느냐" 하는 얘기가 오히려 그때 주변에서는 더 많이 들렸던 것 같아요. 그 얘기를 들으면서 '그래, 그게 맞을 수도 있겠다'는 생각을 했었거든요. 처음에는 그렇게 하다가 나중에 [생각이 바뀐 게] 이 기억교실이라는 말이 많이 나오고 "우리가 참사의 현장을 보존을 해야 이다음에도 참사가 되풀이되지 않는다"는 그런 말들도 많이 했잖아요. "일단은 현장을 보존을 해야 된다" 그게 기억하는 데서도 제일 오래 기억되고 그 현장에 있으면서 우리가 느끼는 감정도 틀리니까, 옮겨지는 것보다는. 그리고 아이들이 사실 그 학교 다녔지만은 그때 당시에는 사실 졸업장도, 지금은 그게 졸업장도 받을 수 있게끔 됐잖아요, 됐는데 [그때는] 졸업장도 애들이 받지도 못하고.

그거를 반대하는 사람들이 주변에서, 이 안산에서도 반대하는 사람들이 많고 사실 연대하시는 분들도 그런 생각들이 각각 달랐던 것 같아요.

그거를 보면서 저희들이 국회에서 싸울 때나 그때 생각이 나더라고요. 그러니까 우리보고 했던 말이 "너네는 해서[보상금 받아서] 돈도 많이 받고, 지금까지 요구한 거를 다 들어줬는데 교실까지 그렇게 차지하려고 하느냐"는 그런 말까지도 사실 나오고 그러다 보니까. 처음에는 사실 그 소리를 듣는 순간에 오기가 생겼던 것 같아요. 요구한 거를 하나도 들어주지도 않았는데 우리가 다 가진 것처럼 얘기를 하고 "교실도 재학생들한테 돌려줘야 되는데, 교실까지도 차지하려고 한다" 특권 얘기가 나오고 그런 얘기가 나오면서, 오기로 처음에는 '안 돼, 교실을 지켜야 되겠다' 그런 생각을 하게 되었고. 일단 저희들이 항상 얘기했던 거, 현장을 일단 보존을 하고, 저희들이 아이들이 어떻게 보면 마지막에 있었던 공간이기도 하잖아요. 어떻게 보면 집에서보다 그곳에서 보낸 시간이 더 많고, 많은 국민들이 다녀간 곳이기도 하고 기억하는 곳이기도 하고 그래서 '이게 진짜 보존이 돼야 되겠다' 저도 나중에는 그렇게 생각을 하면서….

학교에서 그때 [시위]할 때도 학교에 안산에서 하는 거니까 안산이니까 거기서 있어도 봤고 그렇게 했는데, 학교 선생님들, 교장 너무 어이가 없었어. '진짜 그런 사람들만 어떻게 뽑아서 데려다 났나' 하는 정도로 '저런 교장 밑에서 저런 교사들 밑에서 진짜 그 학교 아이들이 제대로 된 공부를 할 수 있을까?' 그런 생각도 많이 들더라고요.

면담자　　'○○이 단원고 안 보내길 잘했다', 이렇게 생각하셨겠어요?

동영 엄마　　'진짜 안 보내길 잘 했다' 하는 생각도 들고 일단은 그런 선생님들이 애들한테 뭘 가르치겠어요.

면담자　　네, 그때 '4월16일의약속국민연대'를 비롯해서, 교실 존치에 대해 많은 사람이 동의하지를 않았어요. 그리고 교육감,

117
•
2회차

(동영 엄마 : 이재정) 맞아요. 이재정 교육감도 진보 교육감이니 기대를 했는데 전혀 아닌 모습이었죠. 아까 말씀하셨던 것처럼 국회의원에 대한 불신과 아쉬움이 있었다면 이번에는 소위 말하는 시민운동 세력에 대해서도 아쉬움이 있었을 것 같은데 어떠신가요?

동영 엄마　　물론 같이 연대해 주고 그런 거는 항상 감사하고. 글쎄요, 저는 이해라기보다는 어차피 연대를 해주셨으니까, 저희들이 물론 무리한 요구였을 수도 있고 그렇지만 그분들도 생각하는 게 진짜 4·16 이전과 이후는 달라져야 된다고 처음부터 그렇게 싸워오신 분들이잖아요. 싸워오신 분들인데 그런 분들이 그래도 어느 정도 자기네들 그런 어떤 뭐라고 해야 되나? 개념 같은 거는 갖고 시작한 분들도 많으실 거고, 일반 평범한 가정주부부터 해가지고 엄마, 아빠들도 물론 많으실 거고. 그런데 그 상황에서 이렇게 갈린다는 게 서운했거든요. '같이 가주면 안 되나' 하는 생각도 사실 했었고. 저희들이 그렇다고 "따라오세요" 해서 끌고 갈 그런 힘 같은 것도 사실 없는 상황이잖아요.

[그런] 상황인데 똑같이 똑같은 목소리로 계속 똑같은 얘기 반복해 가면서 같이 싸워왔는데, 그 교실 존치 얘기가 나오면서부터 어떻게 보면 진짜 현실로 돌아갔다고 해야 되나요? 일단은 내 이권만 생각하고 안전보다는, 안전, 기억을 그렇게 소리 내어주시는 분들이 기억보다는 이거[교실]는 당연히 돌려줘야 된다는 그 현실로 그냥 돌아갔다고 할까요? 변화가 없는 그 상태로 그분들이 돌아간 거라고 생각하니까 많이 서운하더라고요. 서운하고 무서운 게 이러다가 지지해 주시는 분들이 많이 이렇게 혹 빠져나가지 않을까 하는 그런

걱정도 됐었어요.

면담자　　11월 14일에, 2015년입니다. 그 민중총궐기 대회에서 백남기 농민이 물대포를 맞은 그날인데 가족들이 같이 참여를 하셨죠? (동영 엄마 : 네) 그날 기억나시는 거 있나요?

동영 엄마　　그날 저희들은 백남기 농민이 쓰러진 장소보다는 반대쪽에 있었던 것 같아요. 반대쪽에 그때 갇혀 있었었나? 하여튼 아마 그날이었는지 확실히는 모르겠는데 갇혀, 이렇게 나뉘어져 있던 상태였던 것 같아요. 그래서 그 현장을 저희들이 보지는 못했거든요. 보지는 못하고 나중에 그 소식을 들은 것이고. 근데 그분도 나중에 살아온 과정을 보니까 진짜 대단하신 분이라는 생각이 들고 진짜 시골에서 사셨지만 진짜 깨어 있는 분이라는 생각이 들었고요. 연세가 그렇게 많으신데도 그렇게 살아오신 걸 보면서 미안하다는, 어떻게 보면 우리가 진짜 잘못 살아온 거잖아요, 아무것도 모르고 살아왔으니까 그런 것에 대한 이제 미안함도 있었고. 근데 그 연세가 많은데도 제일 앞부분에 서서 그런 일을 당하신 거 아니에요.

면담자　　민중총궐기도 그렇고 집회 중에서 소위 말하는 한국사회에 진보 세력이라고 하는 분들이 다 모이는 그런 자리 같은 경우는, 참사 초기에 부모님들이 시민들과 했었던 집회랑 성격이 다르잖아요. 금속노조 이런 분들은 엄청난 앰프 가지고 오시고, 깃발들도 굉장히 과격한 그런 구호들이 적혀 있고. 어머님은 그런 게 익숙하지는 않으셨을 거 아니에요.

동영 엄마　　그렇죠(웃음). 처음 접해보는 건데.

면담자   어떠신가요? 이런 분들이 우리를 지지해 주는 게 불편하셨다거나 혹은 일반 시민들이 우리를 과격하고 그런 사람으로 볼까 봐 걱정하셨다거나. 아니면 오히려 이분들이 굉장히 정상이라, 어머님도 그냥 편하게 느껴지시는지?

동영 엄마   그게 정상이라기보다는 사실 과격한 게 속은 시원하게 해줘요. 그리고 힘도 사실 많이 받게 해주고. 일반 시민들이 모인 집회의 성격 같은 경우에는 어떤 강함 이런 게 크지는 않잖아요, 그냥 같이 서로 위로해 주고 그 정도. 우리 얘기 들어주고 그런 정도였는데 민중총궐기 같은 경우에는 일단 강한 성격을 띤 단체 같은 경우도 많고 그 사람들 자체가 목소리도 크고. 왜 뭐라고 해야 되나요? 우리가 하고 싶은 얘기를 이 사람들이 거의 많이 해주는 편이에요. 우리는 말도 제대로 못 하고 알아도 제대로 아직까지도, 제대로 알지도 못하고 단지 '그런 피해 입은 사람들이 많다. 무슨 어떤 일이 있었다'는 정도로만 알고 있지 그 세세한 거는 사실 모르잖아요.

근데 그분들은 아는 거도 너무 많고 우리가 진짜 할 수 없는, 우리가 하지 못하는 얘기들? 너무 속 시원하게 해주더라고요, 보니까. 사실 힘도 더 받는 건 사실이에요. 그런 자리에 가면은 힘도 더 많이 받고. 우리끼리 하는 얘기가 "야, 우리 이제 투쟁가 다 됐구나" (웃으며) 엄마들끼리 다니면서 그런 얘기도 하고 그러는데 그런 자리가 지금은 어떻게 보면은 더 익숙해지고 더 편하고 후련하고. 가서 그렇게 소리라도 이렇게 지르고 오면은 그래도 마음이 묵은 체증 같은 게 조금은 내려가는 것 같고. 어떻게 보면 중독됐다고 해야 되나요?

면담자   그러면 그런 건 어떻게 생각하세요? 신문이나 이런 데 보면은 '평화적인 민주 시민의 성숙한 모습'이라고 많이 나오잖아요. 그냥 조용히 이렇게 있는 것은 아쉽고, 뭔가 답답하고 그러시나요?

동영 엄마   아니요, 근데 그것도 아닌 것 같더라고요. 그거도 그 때 당시에 저희들이 과격하게 할 때는 그 상황대로 저희들이 생각을 했는데, 이번에 이 촛불을 하면서 사실 "시민의식이 진짜 많이 좋아졌다" 그러고 그런 말씀들도 많이 하시잖아요. 그리고 사람들이 일단은 단지 세월호 때보다 지금 국정 농단 때문에 많이 나오시는 분들도 오히려 훨씬 많아졌지만은 그 속에서 우리 얘기도 할 수 있고.

면담자   사실 세월호가 핵심이죠.

동영 엄마   네, 그거를 자세히 몰랐던 사람들도 나와서 들음으로 해서 알게 되고. 근데 사람들이 일단은 진짜 엄청나게 생각지도 않게 그렇게 많이 모였는데. 그때 목소리 크고 했던 집회의 성격도 강하고 후련한 면도 있지만, 지금은 사람이 많이 모였다는 그 자체로도 힘이 되고 오히려 그것보다 더 큰 힘이 되지 않을까. 그 나름대로 지금은 지금대로 위안을 갖고 있어요.

면담자   모든 집회가 다 좋으시군요?

동영 엄마   상황에 따라서(웃음).

면담자   진짜 아주 전문 투쟁가가 이제 되신 것 같네요(웃음). 촛불집회면 촛불집회, 민중총궐기면 민중총궐기.

동영 엄마   그냥 쫓아다니기만 했어요.

면담자   어머님, 오늘 저희가 여기까지 할게요. 그다음에 저희가 2016년 이야기하고, 2017년도 있고, 3차 구술 내용은 세월호 참사 이후에 활동을 통해서 어떠한 변화를 삶에서 겪게 되셨는지 이런 이야기를 들을 거예요. 그래서 그 관련된 질문이랑 같이 여쭤보면 될 것 같습니다.

동영 엄마   네, 수고하셨습니다.

면담자   수고하셨습니다. 마치겠습니다.

3회차

2017년 3월 2일

1
시작 인사말

면담자　　　본 구술증언은 4·16 사건에 대한 참여자들의 경험과 기억을 기록으로 남김으로써 이후 진상 규명 및 역사 기술에 기여하고자 합니다. 지금부터 이선자 씨의 증언을 시작하겠습니다. 오늘은 2017년 3월 2일이며, 장소는 안산시 단원구 정부합동분향소 내 기독교방입니다. 면담자는 이현정이며, 촬영자는 이민입니다.

2
2016년의 투쟁 및 공동체 활동 경험

면담자　　　지난번에는 2015년 민중총궐기까지 했구요. 오늘은 2016년의 주요 사건들을 짚으면서 어머님께서 특별히 기억나는 장면이나 기억나는 여러 문제나 활동들을 말씀해 주시면 될 것 같습니다. 2016년 1월 10일에 겨울방학식을 했습니다.

동영 엄마　　　네네. 단원고 방학식 할 때는 제가 안 갔던 것 같은데요?

면담자　　　그러면 2016년 4월 16일에 안산시 화랑유원지에서 참사 2주기 기억식을 했고 광화문광장에서 범국민 촛불문화제를 했었어요. 그때 기억나는 거 있으신가요?

동영 엄마　　　기억나는 게, 참석은 제가 했거든요. 근데 1주기보다는 아무래도 부모님들이 많이 참석 안 하는 가정들이 많았고 그게 아쉬웠다고 할까요?

면담자   네, 그때부터 어머님들, 아버님들이 참석 안 하시는 분들이 많아졌나요?

동영 엄마   아니, 그 전부터 있었지만 그래도 1주기 때하고는 많이 이렇게 분위기가 달랐잖아요. 그리고 2주기 되어서 부모님들이 아무래도 참석 안 하는 가정들도 많고. 그런 것에 대한 아쉬움 같은 거? 네, 그런 게 많이 느껴졌던 것 같아요.

면담자   그 당시에 단원고 교실 존치와 관련된 이슈들이 굉장히 불거졌었잖아요? 그 문제에 직면해서 어머님 어떤 생각을 하셨었나요?

동영 엄마   저희들은, 저는 그래요. 일단 가족협의회랑 같이 가야 된다는 그 생각을 항상 하고 있으니까 "교실 존치?", "싸우자" 그러면 싸우고 같이하는데 한편으로는 주변에서 많은 그런 말들이 있었잖아요. "교실은 재학생들한테 돌려줘야 된다"고 그런 말들도 있었고. 그래서 그거도 얘기를 들어보면은 '그것도 맞는 말이다' 싶은 생각도 하고. 근데 주변에서 너무 반대하는 여론이 너무 많았고, 어떻게 보면 저희들이 오기가 생기잖아요. 다들 "지금까지 해달라고 해서 요구한 것도 많았고 해달라는 대로 다 해줬는데 교실까지 차지하려고 그러냐"고 그런 말을 좀 들으니까 화가 나더라구요. 근데 해준 것이 하나도 없었는데 사람들은 다 우리가 얻은 걸로만 기억을 하고 있더라구요.

그래서 이게 진짜 교실, 어떻게 보면 내 아이만을 위해서 교실 존치를 우리가 요구하는 것이면 조금 불합리한 거도 있다고는 생각하지만은, 우리가 싸우는 게 일단은 안전 사회 건설[을 위한 것]이고 그것을 위해서는 기억해야 되고 잊지 않아야 되고 그런 것을 생각을 하면은 이 교실 존치가 꼭 필요하다는 생각도 했거든요. 그래서 일단 아이들의 마지막 흔적, 집에서보다는 학교에서 더 많이 애들이 생활도 했었고, 사실 교실에 들어가면은 느낌이 달라요, 지금 이쪽으로 이전한 곳하고는 느낌이 진짜 많이 다르고. 그런데 교실 존치에 대해서는 (한숨을 내쉬며) 나중에는 제가 처음에는 반반은 아니었어도 진짜 '재학생들한테 돌려줘야 되나?' 이런 생각도 했지만은 나중에는 그냥 그 교실을 지켜야 되겠다는 생각이 커지더라구요.

면담자　　　네, 참사 이후에 교실을 자주 가보셨나요?

동영 엄마　　　네, 가끔 가서 청소도 하고. 저희들이 가야만 청소를 할 수가 있잖아요, 누가 청소를 해주는 것도 아니고. 가면 먼지가, 청소할 때 되면 먼지가 항상 뿌얗게 쌓여 있어요, 그렇게 쌓여 있고. 교무실도 한번은 가서 청소를 하고 했는데 그 선생님들이 참 계시면서도, 선생님이 희생된 선생님들이 있는 교실을 들어가 보지를 않으시는 건지 그 자리에 참 먼지가 쌓여 있으니까 마음이 많이 안 좋더라구요. 학생들은 물론 그 부모들이 이 안산에 다 살고 하니까 한 번씩 가서 교실 청소라도 하고 해주는데, 선생님들은 그렇지 않은 것 같아서 청소를 한 번 하면서 마음도 많이 아팠어요.

면담자　　　교실을 들여다보시면서 '기억과 약속의 길'로 많은 시민과 학생들이 교실을 들렀다가 가잖아요. 그런 모습을 보면서는 어떤 생각을 하셨나요?

동영 엄마   일단은 '그런 '기억의 길'을 더 많은 사람들이 다녀갔으면 좋겠다'. 대부분이 이렇게 보면 연대하시는 분들? 어떻게 보면 극히 소수잖아요. 한 번 왔다 가신 분들이 그다음에 이렇게 다녀가고 그 기억의 길이 있어도 모르시는 분들도 너무 많고. 이 안산에서도 안산 사람들이 어떻게 보면 제가 보기에는 너무 무관심하다는 생각을 많이 하거든요. 그 길을 다니면서 아이들도 많이 기억도 해줬으면 좋겠고. 일단은 우리가 원하는 나라? 그 모든 답이 그 안에 있는 것 같아요.

면담자   교실 존치와 관련해서 피케팅 같은 거 시청 앞에서 참여하시고 그러셨죠?

동영 엄마   네.

면담자   기억교실 존치와 관련된 싸움에서 결과적으로 그 책상들을 안산교육지원청 별관에 옮기게 됐는데, 지금 와서 생각해 볼 때 그 교실 존치 싸움을 차라리 하지 않았으면 좋았겠다는 생각을 하시나요, 아니면은 처음부터 잘했어서 어떻게든 지켰어야 했다는 생각이 드시나요?

동영 엄마   처음부터 잘해서 저희들은, 저는 지켜냈으면 좋았지 않았을까.

면담자   어떤 면에서 그렇게 생각을 하시나요? 옮겨놓고 보니까 더 그런 생각이 드세요?

동영 엄마   네, 아무래도 그런 거도 없잖아 있고요. 일단은 학생들이 공부하는 곳이잖아요? 학교라는 곳이 공부하는 곳인데 희생자들의 동생들도 있고 언니, 오빠들도 있고 그런데 그 아이들이 부모들 모르게 자기네들끼리 왔다 가는 경우도 많더라구요. 찾아갈 수 있는 곳이, 애들이 흔적이 남아 있는 그 장소가 어떻게 보면 학교가 마지막이잖아요. 그래서 그것을 지켜냈으면 좋았다는 생각을 하고. 우리가 처음부터 너무 약하게 나간 게 아닌가, 강하게 해서 진짜 그것을[교실을] 지켜냈으면은 더 좋았을 거라고 생각해요.

면담자   당시에 4·16연대를 비롯해서 안산 시민 단체들도 그렇고 이 교실 존치에 대해서 유보하는 입장을 표현했었어요.

동영 엄마   맞아.

면담자   다른 문제에 대해서는 지지하거나 지원하는 입장이었는데, 이 교실 존치에 대해서는 적극적이지 않았어요. 어머님은 여기에 대해 그래도 이해를 하시나요, 아니면 다른 입장이신가요?

동영 엄마   이해라기보다는 그냥 많이 서운하죠, 많이 서운하고. 같이 지금까지 같이 그래도 싸워줬던 사람들이잖아요. 근데 그 사람들 그 생각도, 물론 부모들도 사실 다 100프로는 아니었잖아요. 그 부모들도 "아, 이건 아니다 돌려줘야 된다"고 하는 그 여론이 부모들 사이에도 사실 있었어요. 있고 그러니까 시민들이 그런 말을 할 때는 우리 부모들이 진짜 100프로가 다 이렇게 동참을 해서 그렇게 밀고 나가야만 목소리가 커지는데 부모들도 거의 반반이다시피 그렇게 하다 보니까, 글쎄 어떻게 보면 그 아이들의 재학생들? 나중에 신입생들이 들어올 거고 그 아이들의 자리를 뺏는다는 그 생각도 아마 많이들 했었던 것 같아요. 저도 그 생각을 잠시 했었지마는 잘 지켜냈으면은 너무 좋았을 텐데 아쉬움이 많아요.

면담자   5월 9일부터 희생 학생 제적처리 원상 복구를 요구했어요. 교실 존치 관련 합의가 이루어진 당일에 학생들이 제적처리된 황당한 자료를 발견했잖아요, 그때 같이 단원고에 계셨나요?

동영 엄마   네네.

면담자   동영이도 그렇게 똑같이 제적되었던 거죠?

동영 엄마   그렇죠, 애들이 다 똑같이 그렇게 됐으니까 진짜 너무 황당했고요. 그런 상황에서 어떻게 애들을 제적시키려는 생각을 했었는지 너무 진짜 의아하더라구요. 그런 쪽으로는 참 머리들을 잘 쓴다는 생각이 들어요(한숨).

면담자   8월에 기억교실을 책상들도 빼고 옮겼잖아요?

동영 엄마   몇 월 달인지 가물가물해서…. 8월이었을 거예요. (면담자 : 그죠?) 네, 저희들이 저기 팽목 가 있어가지고 그날은 참석을 못 했어요.

면담자   네, 그럼 다른 분들이 대신 책상이랑 그 유품함이랑 옮기신 건가요?

동영 엄마   네네. 정리는 저희들이 다 해놓고 그리고 내려갔으니까.

면담자   네, 그렇군요. 혹시 어머님도 간담회 같은 거 같이 참
여를 하셨었나요?

동영 엄마   아뇨, 저는 자주는 못 하고, 제가 남들 앞에서 말도 사
실은 제대로 못 하고 그래서 많이 참석은 못 했어요. 어쩌다 한 번씩
은 다녀오고 그랬었거든요.

면담자   서울에도 가시고 안산에도 가시지만 대시민 선전전
있잖아요. 광고지를 나눠줄 때도 있고 아니면 지하철역 같은데서,
(동영 엄마 : 네) 그럴 때도 같이하셨었나요?

동영 엄마   어, 한 두 번은 했었던 것 같아요.

면담자   그때 시민들의 반응에 대해서는 어떠한 느낌을 받으
셨나요? 초반에 어머님께서 하셨을 때는 굉장히 지지해 준다 이런
느낌을 좋다고 생각을 하셨죠? (동영 엄마 : 네) 요즘에는 어떠세요?

동영 엄마   저희들이 서명을 금요일마다 서명을 받고 있잖아요.
저희 반 같은 경우에는 안산에서 주로 주마다 하고 있는데 서명받으
면서 한 번씩 어떤 일이 있을 때는 전단지도 요즘에는 돌리고 하거
든요. 그니까 처음에는 사실 서명조차도 많이 해주지 않았어요. 그
학생들? 학생들만 대부분 와서. 학생들은 그냥 자연적으로 당연히
해야 되는 것처럼 와서 그 아이들은 다 해주고 가거든요. 해주고 가
고 서명받고 하는데 학생들이, 애들이 다 용돈 받으면서 쓰는 애들
인데 서명을 받고 있으면 아이들이 음료수를 사가지고 오고. 와서

힘내시라고 그렇게 얘기도 아이들이 많이 해주고 갔어요. 그 아이들 때문에 사실 힘도 많이 받고.

서명받으면서도 진짜 운 적도 많았는데, 어른들 같은 경우에는 많이 무관심했던 것 같아요. 그러면서 저희들이 무관심하게 그냥 지나는 걸 보면 사실 화도 많이 나잖아요. 화도 많이 나고 그런다고 그 사람들한테 진짜 악담을 할 수는 없고. 저 속으로만 진짜 끓이고 그러고 있는데 그래도 2주기 지나서는 이게 다시 사람들이 관심을 조금 더 갖는다는 느낌을 받았거든요. 어른들도 조금씩 동참하는 인원이 늘어가고 그러면서 '아, 이게 진짜 쉽게 잊혀질 일은 아니구나' 우리가 잊지 않기 위해서 부모들이 먼저 그렇게 하지마는 많이 사람들이 1주기 지나고 2주기 전까지만 해도 사실 많은 반응들이 없었잖아요. 그래서 마음이 그랬었는데 2주기가 지나고 나서는 다시 관심들이 높아지는 것 같고. 그러면서 힘도 얻게 되고 그냥 끝까지 해야 되겠다, 힘들어도 그냥 해야 되겠다는 그런 생각이 많이 들었어요. 그래서 고등학생들이 음료수라도 사주면서 아이들이 했던 말이 기억이 나는 게 "끝까지 싸워주시라"고, "지치지 마시라"고(웃음).

면담자　　　대시민전 같은 거 가셨을 때 어른들하고 학생들하고 태도가 이렇게 구분이 되셨군요.

동영 엄마　　구분이 많이 됐죠.

면담자　　　특히 안산에서 그렇나요?

동영 엄마　　네네, 안산에서는 더 심했어요. 그래서 저희들이 안산에서 다니면서도 진짜 저희들끼리 그냥 얘기를 하고 다니거든요. 그 사람들한테 욕은 못 하잖아요, 뭐라고 하지는 못하지마는 전국적으로 서명받고 그렇게 다니면서 저희들이 느낀 게 제일 무관심한 곳이 안산이라는 느낌을 정말 많이 받았거든요. 그 다른 지역에서는 진짜 나이 드신 분들? 엄마, 아빠들 이렇게 많이 사실 저희들이 보기에도 많이 이렇게 동참을 해주세요. 그렇게 해주시는데 안산에서는 엄마, 아빠들이 그냥 지나쳐 버리니까. 무관심하고 한 번 들여다보지도 않고 아무 반응도 없고 그런 데서 사실 화가 참 많이 났었거든요.

면담자   최근에 국정 농단과 관련된 모든 사태들을 보면서 어떠한 생각이 드시나요? 핵심 이슈 중 하나가 세월호 7시간이구요. 그리고 세월호 참사의 그 문제가 지금까지 많은 촛불집회를 끌어온 힘이라고 이야기를 하는 사람들도 많이 있잖아요? 그동안의 활동들을 되돌아보셨을 때 한국 사회가 아직 정리가 되고 있진 않지만 이러한 상황에서 어떠한 생각이 드시는지. 희망을 갖게 되시나요, 아니면 실망을 하게 되시나요?

동영 엄마   희망도 갖게 되고요, 실망도 하게 되고. 사실 지금까지 저희들이 매번 당해왔던 것처럼 사실 박근혜가 탄핵, 국회에서 탄핵이 되던 날도 뭔가 금방 다 해결될 것 같은 그런 희망이 컸었거든요, 컸는데 지금 벌써 몇 개월이야(웃음).

면담자   그날 국회에 계셨나요? 가시진 않았나요?

동영 엄마   국회 안에는 안 들어가고 바깥에 그냥 있었거든요. 근데 지금 이렇게 시간이 그러고 나서도 많이 흘렀잖아요, 흐르고. 특검에서조차도 세월호 7시간을, 명분이 대통령의 7시간? 그게 배제된 느낌을 받아서 '진짜 과연 이게, 진짜 밝혀질 수 있을까? 진짜 탄핵이 된다고 해도 이게 쉽게 밝혀질 일은 아니구나' 하는 생각을 지금 많이 하고 있거든요. 그렇다고 저희들이 안 할 수도 없는 것이고 대통령이 진짜 국정 농단이라는 거? 국민들을 상대로 어떻게 진짜 사기극 같애. 사기극이라는 생각을 하는데, 물론 다른 일들도 많지만은 이 세월호 문제가 밝혀져야만 다른 것들도 다 이렇게 풀어질 거라는 그런 생각을 하고 있어요.

면담자   만약에 정권이 바뀌면 나아질 거라고 생각하시나요?

동영 엄마   바뀐다고 해도 쉽지는 않을 거라는 말들을 많이 하더라구요. 워낙 지금 새누리당, 지금은 새누리당이 아니지만은 그 사람들이 거의 집권을 하다시피 했기 때문에 만약에 정권이 바뀐다고 해도 이게 한 번 바뀌어서는 안 되고 이게 진짜 못 해도 세 번? 네 번? 이 정도는 지금의 야권에서 그 정권을 계속 이어가야 지금까지 쌓여 있던 그런 것들이 조금씩은 없어진다고들 이렇게 얘기를 많이 해요. 만약에 바뀐다고 해도 글쎄요, 쉽지만은 않을 것 같아요.

면담자   쌓인 게 있어서 그걸 없앨 때까지 시간이 많이 걸리기 때문에?

동영 엄마   그거를 만약에 정권이 바뀐다고 해도 이 대통령이 문제가 아니라 그 밑에 있는 실세들이 사실은 워낙 많잖아요. 지금까지 여권에서 계속 집권당으로 있었기 때문에, 그 사람들이 어떻게 보면은 지금까지 일을 같이 주도했던 사람들이고. 그렇기 때문에 대통령 한 사람이 바뀐다고 해서 이게 쉽게 끝날 것 같지는 않아요, 쉽

동영 엄마 이선자

게 해결될 거 같지도 않고. 물론 저희들은 희망은 가지고 있어요. 그래도 지금보다는 훨씬 좋아지겠죠. 밝혀지는 거도 어떻게 보면은 저희들이 원하는 만큼은 아니래도 어느 정도는 밝혀질 거라는 생각을 하거든요? 그게 어느 정도까지인지는 모르겠는데 진짜 이 세월호 일만큼은 정권이 바뀐다면은 그 바뀌는 대통령이 해결을 정말 해줬으면 좋겠어요.

면담자   활동에 대해서 정리를 하려고 그러는데요. 지난 3년을 쭉 돌아보셨을 때 어떠한 경험이 제일 충격이셨을까요?

동영 엄마   음, 저희들이 국회에 들어가 있을 때, 국회에서 그때 단식도 하고 하면서 그래도 저희들이 일단 한 나라의 대통령이라고 하면은 어떻게 보면 믿고 살았잖아요. 믿고 그냥 살은 것이고 국회의원들도 물론 하는 일이 다 맘에 들지는 않았지만은 국회에 있으면서 정말 이 정도일 거라는 생각을, 거기에서는 진짜 많이 느꼈거든요? 대통령이 국회에 왔던 그날도 그렇고 옆에서 진짜 눈길 한 번 안주고 지나가는 대통령을 봤을 때는 '진짜 사람이 아니다'는 생각을 했어요. 사실 거기에서 저희들이 노숙도 하고 단식도 하고 그러면서 국회의원들도 사실 많이 지나쳐 갔잖아요. 그 자리를 많이 다니고 했는데 진짜 저희들 피해서 다른 문으로 출퇴근하는 국회의원들도 물론 있었고. 근데 다들 그 국회의원들도 관심을 가져주지를 않더라고요.

　내가 물론 그 전에는 이 대한민국이라는 나라가 정말 살기 좋은 나라라고 생각을 하고 진짜 자랑스러웠고 그랬었는데, 그렇게 되기까지 물론 위에서 역할들도 많이 했을 것이고. 그래서 진짜 훌륭한 사람들도 많잖아요, 국회의원이라고 똑같은 사람들은 아니니까. 근데 몇몇 사람 빼고는 진짜 다들 무관심하게 지나치는 거 보면서 정말 저 사람들을 믿고 지금까지 우리가, 이 나라의 살림살이를 다 맡긴 사람들 아니에요? 근데 이 국민들이 앞에서 그렇게 호소하고 노숙하고 단식하고 그러고 있는데 그거를 그냥 외면하고 다 지나치는 걸 봤을 때는 '아, 정말 우리가 정말·생각했던 그런 나라가 아니었구나'.

지금까지 저희들보다 먼저, 저희들은 물론 이 일을 계기로 해서 모든 것을 알게 됐지만은 그 전에 벌써 이렇게 모든 일에 함께해서 싸워온 분들이 많잖아요. 정말 이 우리가 얻을 수 있는 그런 힘이, 그런 국회의원들이나 대통령한테서가 아니라 진짜 같이해 주는 시민들한테서 힘을 얻고 같이 싸워나가는 게 맞는 거다는 생각을 하고 있어요.

3
4·16합창단, 희망 사항, 종교에 대한 생각

면담자   공동체 활동에 대한 이야기를 해볼게요. 지금 참여하고 계시는 게 4·16합창단 하시고?

동영 엄마   다른 거는 거의(웃음).

면담자   합창단은 어떻게 해서 하게 되셨나요?

동영 엄마   그냥 저기 처음에 영만이 엄마가 얘기했나? 같이하자 그래서. 제가 노래를 참 좋아했어요, 따라 부르는 거도 좋아하고 이 일이 있기 전에는 음악이 나오면 같이 흥얼흥얼 따라 부르고 진짜 그렇게 했었거든요. 그렇게 했었는데 이 일이 있고 난 이후에는 노래를 못 하겠더라구요. 지금까지도 진짜 가요를 제가 따라 부른 적이 없어요. 어떤 때는 한번은 이렇게 하다가 진짜 제가 좋아하는 노래? 진짜 귀에 익은 그런 노래가 나오면은 순간적으로 이렇게 한 번 흥얼흥얼 하는데 그렇게 하는 순간에 저기 하면서도 진짜 '아차' 하는 생각이 들고 그래서 지금까지도 그렇거든요. 그런 가요는 지금까지도 부르지도 못하고. 그냥 어디서 그런 노래 이렇게 나오고 해도 사실 듣고 싶지도 않고. 근데 이 합창단을 영만이 엄마가 하자고 해서.

면담자   원래 많이 상의하시고 그랬던 분인가요?

동영 엄마   같은, 같은 반이잖아요. 영만이 엄마하고 같은 반이니까 나이도 저하고 똑같아요(웃음).

면담자   그러면 두 분이 조금 많으신 편에 속한 거죠?

동영 엄마   그렇죠. 그래서 그게 계기가 돼서 시작을 하게 됐어요.

면담자   4·16합창단 활동이 굉장히 많잖아요. 그리고 특히 2016년 후반기에는 많은 시민들이 지지를 해주셔서 더 활동이 많았고. 추운 겨울에도 하셨던 걸 여러 곳에서 봤는데, 어떠신가요?

동영 엄마   좋아요(웃음). 일단은 그렇게라도 저희들 목소리를 낼 수 있다는 게 제일 좋고요. 그 합창단을 참석하면서 힘도 사실 많이 얻게 되는 것 같아요. 지지해 주시는 분들도 많고 지금도 이렇게 초청 들어오는 데도 많거든요. 그래서 이게 어떻게 꼭 저희들이 말을 잘해서 가서 하는 것보다 일단은 저희 가족들이 참석해서 노래로라도 같이할 수 있다는 게 너무 좋은 것 같아요.

면담자　　　김관홍 잠수사 돌아가셨을 때, 그때도 그 장례식장 가서 그때도 공연을 하셨는데.

동영 엄마　　　아, 저는 그때 못 갔어요.

면담자　　　아, 못 가셨구나. 4·16합창단에 생각보다 많은 분들이 참여를 하지 않고 계시죠? (동영 엄마 : 네) 왜 더 안 들어오시나요? 노래 잘하시는 분들이 꽤 있는 걸로 제가 아는데.

동영 엄마　　　글쎄, 그거까지는 저는 모르겠어요.

면담자　　　그러니까 가입하거나 들어오는 건 열려 있는 거죠? (동영 엄마 : 네, 그렇죠) 어머님, 아버님들뿐 아니라 합창단원이신 분들도 같이하시고 그렇죠? (동영 엄마 : 네) 그럼 합창단은 모든 사람들한테 열려 있는 건가요?

동영 엄마　　　가족들이 아무래도 많이 참석하면은 더 좋죠. 근데 가족들이 워낙 없다 보니까 그래도 명목이 합창단이잖아요, 인원이 너무 없으면은 안 되고. 기존에 '평화의 나무 합창단' 단원분들, 그분들이 많이 지금 참석을 해주시는 편이고.

면담자　　　맨 처음에 4·16합창단이 어떻게 해서 만들어진 건가요? 평화의 나무 합창단이 제안을 한 건가요?

동영 엄마　　아니요, 처음에는 가족…. 그때 창현이 엄마가 먼저 시작을 한 건지, 제일 처음에는 저는 그 안에서 그것까지는 잘 모르겠는데, 창현이 엄마가 먼저 주관해서 시작을 한 것 같애요.

면담자　　평화의 나무 합창단도 같이하기로 하고? (동영 엄마 : 네) 창현이 엄마, 아빠 다 하시죠?

동영 엄마　　네.

면담자　　모든 사람한테 지금 열려 있는 거군요? 그러면은 형제자매들이라든지 더 많아질 수도 있겠네요, 앞으로?

동영 엄마　　근데 가족들, 가족들이 더 많이 들어와야 되고, 사실 가족들보다는 어떻게 보면은 시민분이 더 많잖아요. 글쎄요, 앞으로 외부에서는 들어온다고 해도 다 받아줄지 그거는 저는 권한이 없으니까 모르겠고.

면담자　　지금 단장이 누구세요?

동영 엄마　　단장이, 창현이 엄마 그대로 하고 있어요.

면담자　　혹시 '이웃'이나 '온마음센터' 프로그램은 참여하신 적 있나요?

동영 엄마　　'이웃'에는 처음에 2014년 15년도에, 15년 초까지 잠깐 뜨개질도 한번 해보고 싶고 해서 갔는데, 사실 제대로 못 하고요.

면담자　　그때 영만 어머님도 초반에 같이 참석하셨었죠?

동영 엄마　　네, 애 생일도 2015년도에서는 거기서 해주셨고 온마음 같은 경우에는 프로그램이 딱히 모르겠어요. 제가 손재주가 없어서 그런지 취미가 없어서 그런지 모르겠는데, 부모들한테 실질적인 프로그램 같은 게 있으면 좋겠는데. 물론 참여도 하고 온마음에도 많이 가시는 부모님들도 많아요, 많기는 많은데 그때에는 이천… 작년까지만 해도 프로그램이 이렇게 처음 초반에 이렇게 다 짜여져서 나오잖아요? 나오는데 일단은 참석하라고 하면은 가서 배우고, 뭐야 꽃꽂이가 아니고 뭐죠? (면담자 : 원예) 원예, 원예도 잠깐 하고 했었는데 그래서 이게 저는 프로그램이 나중에 부모들이 배워서, 지금은 물론 직장생활도 지금 안 하시는 부모들도 많고 근데 그런 프로그램이 부모들이 나중에 자립할 수 있는 어떤 그런 프로그램이 많아졌으면은 그래도 부모님들이 더 많이 참석을 하지 않을까. 그래서 지금은 저 같은 경우에는 그냥 마사지만, 그냥 가서 그거도 저번 주부터?

면담자 '온마음센터' 프로그램 중에서는 마사지가 제일 인기가 좋은 것 같아요.

동영 엄마 네, 다른 거는 아직은.

면담자 어떠한 프로그램을 하면 취업이라든지 생활을 하시는데 도움이 될 거라고 생각을 하시나요?

동영 엄마 그거는 개개인 생각이 다 틀리니까 뭐라고 짚어서 얘기하기는 그렇고요. 나중에 일단은 일을 할 수 있는? 그런 프로그램이 많아졌으면은 그거를, 언젠가는 저희들도 일을 해야 될 거 아니에요. 평생을 이렇게 살 수도 없고 일하면서 활동도 해야 되니까, 그런 쪽으로 많이 했으면 좋겠다는 생각을.

면담자　　　종교 활동 같은 거는 안 하시죠?

동영 엄마　　네.

면담자　　　원래 종교가 없으시다고 그러셨나요?

동영 엄마　　어릴 때 기독교 학교 다닐 때까지(웃음).

면담자　　　근데 지금은 없으신 거군요? (동영 엄마 : 네) 원래 종교를 굉장히 독실하게 갖고 계셨던 분들이 참사 이후 종교를 끊어내시기도 하던데.

동영 엄마　　기독교 단체들 봐요, 이번에 어저께 그 광화문에 가서도 진짜 하루 종일 있다 왔는데 목사님들이 너무 많이 나온 거예요. 목사들이 그 [탄핵] 반대 집회에 말도 안 되는 소리를 너무 많이 하고 [마이크가] 막 울려가지고 어떤 말을 하는지를 모르겠는데, 우리보고 이쪽에는 태극기, 이쪽에는 촛불 이렇게 해서 차벽으로 이렇게 딱 다 이렇게 쳐놨더라구. 우리가 가면서 "어이구, 우리가 보호를 받는 건지 우리를 감금을 해놓는 건지 모르겠다"고 (웃으며) 그래 가지고 저기 했는데. 너무 말도 안 되는 소리 너무 많이 하고 북한으로 돌아가라는 말까지도 하고 사탄이라고 얘기를 하고. 그 목사들이 이렇게 그냥 소개할 때 그것만 잠깐잠깐 들리고 했는데 목사들이 너무 많은 거예요. 근데 말도 안 되는 소리들을 그렇게 나와서 하더라고. 그 윤××씨? 어저께 가셨댔어요?

면담자　　　아니요, 어제.

동영 엄마　　윤××도 왔었거든요? 그 반대 집회 와서 자기도 노래 부르고 하더라고. 그 사람이 원래 목사였었잖아요. 지금은 징계 먹어서 활동 안 한다는 말도 있는데 (웃으며) 그런 거 보면은 너무 이해 안 되는 말들을 많이 하는 것 같애요.

4
활동을 지속할 수 있었던 이유, 아쉬웠던 점

면담자   3차 구술에서는 4·16 이후에 어떻게 본인과 가족의 삶이 전체적으로 변화하셨는지, 그리고 아이에 대한 의미를 우리가 한 번 정리해 보려고 합니다. 3년을 돌아볼 때 이렇게 지속적으로 활동에 참여할 수 있게 됐던 이유는 뭐라고 생각하시나요?

동영 엄마   물론 아이들 때문이죠, 아이들 때문에. 진짜 진실을 꼭 밝혀줘야 되겠다는 그냥 그 한 가지 이유인 것 같아요.

면담자   아이들에 대한 미안함?

동영 엄마   그렇죠, 미안함. 지금까지 우리가 몰라서, 모르고 살았던 일이잖아요. 그런 거에 대한 죄책감 같은 것도 있고.

면담자   지난 3년간 활동 혹은 선택에 대해 아쉽거나 후회되는 게 있으신가요?

동영 엄마   아니요, 그런 거는 없고요. 우리가 싸워도 너무 순하게 싸워왔다는 생각을 가끔씩 하거든요. 차라리 그냥 처음부터 진짜 막무가내로 지금 저 어버이연합이나 이 사람들 너무 세잖아요? 그래도 순리대로 어떻게 보면은 남들한테 피해도 덜 가게 싸워도 그런 식으로 싸워왔던 것 같은데, '처음부터 더 강하게 싸웠으면은 어땠을까, 조금 얻는 게 있었을까' 하는 그런 생각이 한 번씩 들어요.

면담자   팽목항에서부터? (동영 엄마 : 네) 많은 상황과 선택이 있었지만 그중에서 무엇이 제일 아쉬우신가요?

동영 엄마   내가 처음부터 아이들 그 사고 나고서 팽목에서 어떤 기업, 대기업? 대기업에 다니시는 분이 제가 그냥 전해 들은 얘긴데 그런 말을 했다고 하시더라고요. "아이들 찾아서 너 장례를 치르지 말아라" 애들 다 찾거든 같이 장례를 치르라고. (면담자 : 한꺼번에 같은 날?) 예, 그래야 지금 이 사건의 진실이 더 빨리 [밝혀지고] 그 사람들이 답을 해줄 수도 있잖아요. 그랬으면은 어떻게 됐을까 싶은 생각을 해요. 근데 그 당시에는 부모들이 사실 그런 생각도 못 했었고 시간이 지나면서 저희들끼리 얘기도 한 번씩 하거든요. 차라리 그때 그랬으면은 인양도 더 빨리 됐을 수 있었고, 지금까지 이렇게 끌어오지도 않았을 거고. 그런 말들을 지금에 와서 하고 있는데 (한숨을 내쉬며) 아무래도 인양이 빨리 됐으면은 좋겠다는 생각이 제일 크고요. 저희들이 반에 현철이랑 영인이랑 같은 반이거든요. 엊그저께 엄마, 아빠랑 같이 만났어요, 만났는데 3월에.

면담자   거기는 아직 책상이 단원고에 있나요?

동영 엄마   단원고에는 없을 거예요.

면담자   없어요? 제가 그 책상이 따로 있는 거는 봤거든요.

동영 엄마　　학교 한쪽에.

면담자　　지금은 치웠는지 모르겠어요.

동영 엄마　　네, 그래서 엊그저께 만나고 3월 1일이 현철이 생일이라고 갔다 온다고 하는데 (한숨을 내쉬며) 너무 미안하더라구요. 진짜 미안하다는 말밖에 해줄 말도 없고 그리고 배가 아마 빨리 이렇게 인양이, 그게 제일 아쉬운 게 그렇게 했으면은 그래도 인양이 더 빨라지지 않았을까. 아이들 물품을 이렇게 못 찾은 가정들도 많거든요, 저희들도 아무것도 찾지도 못했고. 지금은 인양돼서 찾는다고 그래도 지금은 볼 자신도 없고 구분도 되지 않을 것이고. 제일 아쉬운 게 그거인 것 같애요.

면담자　　인양이 이렇게 계속 미뤄진 거는 어떤 이유 때문이라고 생각을 하세요?

동영 엄마　　숨기는 게 많다는 생각밖에는 안 들죠. 그게 기술이 없어서 사실 지금 못 한대는 거는 말이 안 되잖아요. 국내의 기술로도 충분하게 할 수 있다고 말들을 많이 하시더라구. 우리나라 그 현대중공업 같은 경우에는 사실 충분히 그럴 만한 능력은 된다고 생각하거든요? 그 중공업 조선소 거기를 배 만드는 데를 저희들이 한 번 갔다가 왔었어요. 갔다가 왔었는데 거기 계신 분들도 그거는 맡겨, 자기네들이 만약에 맡아서 하면은 할 수 있는 일이라고 그렇게 얘기를 하는데, 국내 업체를 배제를 하고 진짜 저희들보다 기술력이 못한 중국 업체를 선정했다는 그 자체부터도 뭐가 숨기려는 의도가 많지 않을까.

동영 엄마 이선자

면담자   맨 처음에 아이들을 구조하지 않은 것은 왜 그렇다고 생각을 하시나요?

동영 엄마   애써 서로 책임지기 싫어, 책임을 지지 않기 위해서?

면담자   빨리 가서 구조를 하거나, 예를 들어서 해군이 투입이 되거나 이럴 수도 있었잖아요, 그죠?

동영 엄마   근데 그 사람들이 이게 구조가, 모르겠어요. 이게 제 생각일 뿐인데 해경이든 어디서든 일단은 구조를 하러 가서 구조가 제대로 이뤄졌으면은 이 사람들이 물론 잘한 일이라고 칭송을 받지마는, 자기네들이 먼저 그 현장에 도착해서 구조를 제대로 하지 못할 경우에는 그 모든 책임이 자기네들한테 다 넘어올 것 아니에요. 혼자만 책임져야 되는 그런 것도 있고 윗선에서, 어떤 책임을 지지 않기 위해서는, 내가 지지 않기 위해서는 윗선에서 어떤 지시가 내려와야 이 사람들이 움직일 수 있잖아요. 어떻게 구조를 하든지 할 수가 있는데 윗선의 지시도 없었고, 그렇다고 없는 상황에서 자기네들이 그 현장에 도착해서 어떤 일을 하기에는, 나중에 잘못됐다는 그런 비난을 받을 수도 있다는 그런 생각 때문에도 구조를 적극적으로 하지 않았다고 생각해요.

5
3년간 활동에서 가장 힘들었던 점

면담자   지난 3년 동안에 어머님을 가장 힘들게 했었던 건 무엇인가요?

동영 엄마　　저희들이 슬픔은 다 똑같이 가지고 있는 것이고요, 그거는 슬픔 자체를 넘어서 항상 힘든 것도 똑같잖아요. 그리고 이 3년이라는 시간이 다가오면서 사실 그 아이의 빈자리가 조금은 그냥 무덤덤하게 받아들여도지고. 저는 길을 가다가도 지금도 한 번씩 많이 생각을 한 게 내가 걷는 이 길을 동영이는 걸을 수 없다는 거…. 이 땅을 밟을 수가 없잖아요. 길을 걸으면서 그 생각을 걸을 때마다 진짜 너무 많이 하거든요…, 많이 하고. (눈물을 훔치며) 사실 집에서는 내 아이의 빈자리가 빈 시간이 너무 많잖아요. 그러다 보니까 집에서도 물론 생각이 안 나는 건 아니지만은 그래도 집에서는 예전보다 많이 무덤덤해지기는 했어요. 근데 무덤덤해진 그것도 사실 화가 나거든요, 화가 나고. 제일 많이 느끼는 게 길을 걸을 때.

면담자　　그러니까 동영이에 대한 그리움이죠?

동영 엄마　　그런 거도 그렇고 힘든 거는 어떻게 보면은 가족들하고 이렇게 멀어져 버린 거?

면담자　　어머님의 가족들?

동영 엄마　　네네. 시간이 지날수록 이게 물론 조금은 무덤덤해지는 것도 있지마는 가족들하고 사이는 글쎄요… 가까워지지는 않는 것 같애요. 가까워지지도 않고 시간이 갈수록 이게 그냥 소외감 같은 거 그런 거는 많이 느끼거든요. 〈비공개〉 그거는 저희들 마음일 뿐이지 그렇게 살 수도 없잖아요, 살 수도 없고. 주변, 그래도 밖에 나가서는 아이의 이름도 이렇게 불러주는 사람들? 그리고 같이 힘내라고 하는 사람들? 이렇게 그 아이를 잊지 않기 위해서 저희들이 활동을 하는 것이고. 그래도 밖에 나가서는 아이를 기억해 주시는 분들이 많잖아요, 안 잊혀지게 해주시는 분들이. 근데 저희 가족들은 보면 아이 얘기 전혀 안 하거든요. 전혀 안 하고 어쩜 그것이 얘기를 꺼내서 무슨 아플까 봐 물론 그런 염려도 많다고 생각해요. 그걸 이해 못 하는 건 아닌데 이게 저희들은 서운하고 거기에 대해서 화도 나고 그러다 보니까 진짜 저희들이 가족들하고의 그런 게 멀어진 것 같아요.

면담자　　　그럼 명절 때 계속 만나긴 만나시나요?

〈비공개〉

동영 엄마　　갔다 오지, 이제는 친정도 별로 가고 싶은 마음도 없어요. 가면은 얘기거리가 다르니까 거기에 어울리지도 못할 것 같고. 괜히 우리가 가서 그 사람들도 눈치를 봐야 되고. 명절 때 같은 경우에도 저희 동생들 같은 경우에는 명절 때 한 번씩 전화 오기는 와요. 예전처럼 그렇게 전후로 전화 자주 하지도 않지마는, 명절 때도 매번마다 하는 것도 아니야. 이번에는 구정 때 전화가 왔더라고요. 왔는데 마음은 염려를 해주는 것 같아요, 그런 거는 느껴요. 근데 아이 생각날까 봐 명절 때 같은 어떤 날이 되면은 오히려 전화를 더 못 하겠다고 느껴. 염려는 느껴지는데 글쎄요, 그게 그런 염려가 저희들한테는 크게 와닿지는 않거든요. 그냥 예전처럼 자연스럽게 아이 얘기도 해줬으면 좋겠고. 근데 그게 오히려 가족들하고는 더 안 되는 것 같아요, 좀 멀어지는 계기가 된 것.

〈비공개〉

면담자   조카나 형님은 동영이 이야기를 안 하나요?

동영 엄마   안 해요, 안 하고. 저희 형님 같은 경우에는 아이 생일 때 분향소만 한 번씩 왔다 가서요, 분향소는 왔다 가고. 그래도 이번에 추모[공원 건립] 때문에 공청회도 하고 했잖아요. 그래도 저번에도 한 번 오고 이번에도 토론회 할 때 왔더라고. 관심이 물론 없는 거는 아닌데 우리가 생각하는 만치는 적극적이진 않은 것 같애.

6
3년 동안 가장 위안이 되었던 점

면담자   지난 3년 동안 그럼 어머님한테 가장 위안이 되었었던 거는 어떠한 거였나요?

동영 엄마   위안이 되었었던 거요? (웃으며) 위안은 우리가 밖으로 활동하면서, 활동하러 나가면서 얻는 위안이 제일 컸던 것 같아요.

면담자   시민들이 보여준 지지?

동영 엄마   네네, 그게 제일 컸던 것 같고. 오히려 진짜 이 안산이라는 곳에 오면은 너무 삭막감도 느끼고 집에 들어가면은 진짜 바깥에 나오기가 싫거든요, 안산에서는. 집 안에서만 거의 있다가 활동하러 나가고 하면은 밖에 나가서 얻는 위안이 제일 컸던 것 같아요.

면담자　　　생활을 하느라 돌아다니셔야 할 때도 있잖아요. 일상적으로 지내실 때는 혹시 불편하거나 그런 건 없으신가요?

동영 엄마　　(한숨을 내쉬며) 저희들이 작년 5월 달에 와동에서 선부동으로 이사를 했어요. 했는데 와동에서 살 때는 저희가 거기서 한 10년 그래도 조금 더 살은 것 같아요. 10년을 살면서 물론 가깝게 지내는 이웃들도 있고 진짜 친형제처럼 그렇게 지냈었거든요. [친하게 지낸] 몇몇 사람이 있는데, 그렇게 지내고 그랬었는데 처음에 사고 나고서는 사실 위안도 많이 받았죠, 염려도 많이 해주고. 근데 그 사람들은 그냥 그 순간에 위로하고 아파해 주고 어느 정도 지나니까 그런 게 없어지는 것 같더라구요. 그 사람들이 자기 생활들을 다 찾아가잖아요. 내가 내 생활을 어차피 해야 되니까. 그런 데서 느끼는, 이렇게 다른 세계에 사는 그런 느낌도 많이 받고. 그러고 이 일이 이 나라의 어떤 부패로 다 인해서 생긴 일이지마는 "그냥 이거는 너네 일이다" 그런 식으로 많이 생각들을 하고 있는 것 같아요.

　그래서 진짜 형제들이나 다름없이 그렇게 지냈는데 오히려 가까이 지낸 사람들이 시간이 지날수록 더 미워지더라고. 그래도 조금 관심을 가지고, 진짜 그렇게 옆에 사람이 살 때는 관심도 가지고 언론에서도 나고 요즘에는 인터넷을 통해서도 모든 걸 접할 수가 있잖아요. 근데 그런 것에 대한 관심이 그냥 전혀 없고 한 번씩 얘기하는 거는 그냥 종편 뉴스 보고 한 번씩 그냥 얘기하는 것이고. "어떻게 돼가냐"고 이런 말 한마디도 그냥 안 물어보고 그래서 그 나중에 서운함 같은 게 이런 게 나중에는 화로 변한다고 하나요? 저희들이 이사를 오면서 거기서는 진짜 (한숨을 내쉬며) '내가 이 사람들하고는 같이 이렇게 섞일 수가 없겠구나, 앞으로는' 그런 느낌도 많이 받았었고. 이쪽으로 이사를 하면서 사실 아는 사람이 없거든요, 선부동 쪽도 제가 서울에서 이사 와서 와동 쪽에서만 살다가 보니까 다른 곳에는 아는 사람이 없었어요. 이쪽으로 이사를 왔는데 처음에는 이사 와서 되게 심심할 것 같았거든요, 저도. 심심할 것 같고 그랬었는데 이사를 오니까 너무 좋은 거야. 그 사람들을 안 보니까 마음이 너무 편한 거예요. 스트레스를 거기 살면서 많이 받았었거든요.

면담자　　　이웃이 어떤 위안이 되었다기보다 오히려 참 마음을 힘들게 하고 스트레스가 되었었네요.

동영 엄마　　어떻게 보면 저희들 이기적인 생각이죠.

면담자　　　같이 활동하는 어머님들은 어땠나요?

동영 엄마　　아, 지금?

면담자　　　네, 어떤 분들은 가족보다 오히려 같은 유가족분들이 더 내 가족 같다고 이렇게 말씀하시는 분도 있거든요.

동영 엄마　　당연하죠.

면담자　　　당연해요?

동영 엄마　　당연한 거죠. 오히려 더 편하고 우리가 그냥 울고 싶을 때 울 수 있고, 웃고 울고 하는 것도 편하게 그냥 할 수 있는 사람들이 이 사람들밖에 없잖아요. 밖에서는 사실 저희들이 웃어도 진짜

동영 엄마 이선자

재미있고 해서 웃는 게 아니라 진짜 어떤 때는 너무 어이가 없어서 웃을 때가 더 많거든요, 지금은. 그러는데 밖에서는 사실 눈치를 많이 보게 돼요. 어디 나가고 내 진짜 식구들이래도, 내 친척들이래도 그런 눈치도 많이 보고 하는데, 진짜 가족 같은 지금은 저희 부모님들? 오히려 더 가까운 가족이 된 것 같아요.

면담자　　활동을 하시는 가족분들이 점점 줄어들고 있는데, 이렇게 떠나시는 분들에 대해서는 어떤 마음이 드시나요? 아쉽다거나 나도 나중에는 떠나야겠다거나 정리가 되고 그랬으면 좋겠다는 마음이 드시나요?

동영 엄마　　아쉽죠, 아무래도 아쉽고 저는 떠나야 되겠다는 생각은 안 하거든요? 그런 생각은 안 하고 여기서 만약에 활동할 일이 있을 경우에는 바쁘게는 참석을 못 하지마는 그래도 끊어지지 않고 그냥 계속 갈 생각이에요, 그런 생각이고. 지금은 안 나오시는 부모님들도 너무 많은 상태고. 근데 이 사람들이 조금 쉬었다 생각하고 다시 와서 같이 힘을 합해줬으면 좋겠다는 생각을….

7
4·16 이후 가치관의 변화

면담자　　4·16이 어머님에게 삶에 대한 입장이나 가치관에 어떠한 변화를 주었다고 보시나요?

동영 엄마　　바뀐 게 더 많죠. 저희들이 아이들 키우면서 진짜 힘들게 바쁘게 그렇게 살았지만 아이들 위해서 어떤 희망을 가지고 그냥 산 거잖아요, 이 국가에 대해서도 그래도 믿고 살았었고. 그러고 직장, 저희들이 가게를 하면서 사실 일이 많이 힘들고 했지만 그래도 미래가 있다는 그런 생각에, 아이들이 있으니까 그 모든 것을 참고 생활을 할 수 있었고. 그러고 아이들이 학교에서 성적이 좋아서 좋은 대학 가면은 물론 취직이 어렵다는 거는 알고는 있지만 그래도 '아. 내 아이는 될 거야'라는 모든 부모들이 그런 생각들을 가지고 있잖아요.

면담자　　　동영이가 공부를 잘했잖아요.

동영 엄마　　네, 잘하고 했는데 사회생활은 잘했으려나? (웃으며) 그래서 그런 생각들을 가지고 살았는데 4·16을 겪으면서 이 모든 생각이, 지금까지 살아왔던 게 '이게 아니구나' 싶은 생각을 많이 했어요. 일단 저희들은 애들이 아이들이 나중에 학교를 졸업하고 취직을 하고 한다고 해도 이 나라의 모든 이 문제점들이 바뀌지 않는 한은, 이 아이들도 똑같은 상황에서 살아야 되잖아, 힘들게. 그런 생각들이 많이 바뀐 것 같아요. 애들 교육도 그렇고 직장도 그렇고, 저희 딸한테도 아까 말씀드렸다시피 "대학교 가기 싫으면 안 가도 돼"[라고 말하는데], 전에는 "대학은 나와야 된다. 일단 대학 졸업장이 있어야 좋은 직장도 들어가고, 그래서 나중에 좋은 대학 들어가야 좋은 직장도 들어가고 한다"고. 이게 다 연계가 다 됐잖아요. 근데 지금은 "안 가고 싶으면 안 가도 된다"고 공부하는데도 제가 그러거든요. "○○아, 공부 그렇게 잠 안 자고 열심히 할 필요 없어" 그냥 잠 실컷 자고 그냥 공부하라고.

실컷은 안 자도 잠도 어느 정도 자줘야 되니까 잠도 자가면서 공부도 하고, 그렇게 저기 하고. 이 딸 같은 경우에도 "엄마, 내가 이 학교를 가서 무슨 어디를 직장을 내가 어떤 거를 선택하면은 내가 돈을 많이 벌 수 있을까?" 그런 말을 하거든요. 돈 많이 벌 목적으로 대학 가지 말라고 저는 얘기를 해요. "너 돈 벌기 위해서 대학 가냐"고 돈 벌기 위해서 가는 거는 나중에 직장을 선택한다고 해도 많이 힘들게 직장생활을 할 거고. "대학을 안 가도 괜찮아. 너가 좋아하는 일 있으면은 차라리 학원을 다녀서 그거를 배우고, 4년제 아니라도 괜찮아, 그냥 2년제 가도 괜찮다"고 그렇게 얘기를 많이 해주거든요. 거기서부터 생각이 많이 바뀐 거죠, 저희들도.

면담자　　　지금 동영이에게 직접 이야기하실 수 있다면 무엇이 정말 중요한 것 같은지, 어떤 걸 지키고 살라고 하고 싶은지요?

동영 엄마　　동영이가 있다면은, 동영이나 ○○이나 똑같이 그냥 해주고 싶은 얘기는 "그냥 하고 싶은 것을 하고 살으라"고 얘기를 하고 싶어요. 해줄 얘기가 지금은 그것밖에는 딱히 생각나는 게 없네.

면담자　　　어머님도 앞으로 삶을 사셔야 되는데 그 삶에서는 어떠한 것을 가장 중심에 놓고 사시고 싶으신가요?

동영 엄마　　지금 어떤 뚜렷한 목표 같은 게 없거든요. 그니까 제일 억울한 게 그전에는 그냥 진짜 내가 나중에라도 잘살기 위해서 저희들이 그냥 열심히 살은 거잖아요. 힘들게 그렇게 살았는데 어떤 목표 같은 게, 그래도 내가 나중에 뭐가 되겠다는 것보다는 일단 내가 가정을 꾸려서 아이를 낳고 이 아이들이 나중에 성장해서 결혼하고 일단은 부모로서 그것을 지켜줄 수 있는, 지켜줄 수는 있어야 되니까 그래서 열심히 살았는데. 그때는 무엇이든지 할 수 있다고 생각을 했어요. 상황에 따라서 내가 한 번도 해보지 않은 일이지만은 내가 이 아이들을 키우기 위해서 내 상황이 더 나빠진다고 해도 그 상황에서 나는 아무 일이라도 할 수 있다고. 나는 진짜 무섭다는 생각을 안 했거든요. 어떤 새로운 일을 한다는 것에 대해서. 근데 지금은 그런 게 없어진 거. 어떤 목표가 다 사라져버린 거예요. 그냥 이 지금 삶 자체가 너무 무의미하다고 해야 되나? 목표도 없고 희망도 없어진 것 같고 내가 뭘 해야 될지도 모르겠고.

뭘 다른 거를 한다고 하면은 '내가 할 수 있을까' 하는 그런 걱정도 되고. 그런 게 다 무너져 내려버렸으니까. 다 없어진 거죠, 그냥 하고 싶다는 어떤 의욕 같은 거 이런 거도 아무것도 그냥 없는 상태? 그게 제일 억울한 것 같아요, 지금.

8
현재의 고민

면담자   현재 가장 고민되는 문제가 있다면 어떤 걸까요?

동영 엄마   지금은 크게 걱정되는 거는 없고요, 이 동영이 일 말고?

면담자   직장 걱정을 하시는 분들도 있고, 형제자매 걱정을 하시는 분들도 있고, 경제적인 문제 걱정하시는 분들도 있고, 본인이 아프신 분들도 있고. 고민이 굉장히 다양해요. 어머님은 솔직하게 지금 가장 걱정되거나 고민되는 게 어떤 문젠지.

동영 엄마　　지금은 딸아이 고3이잖아요, 고3이고 한데 사실 사고 나던 해에 얘가 중학교 3학년이었어요. 중학교 3학년, 고등학교 1학년 한 2년을 거의 공부하고는 이렇게 동떨어져서 살았다 해야 될까? 지가 해야 된다는 공부를 해야 된다는 그런 말을 항상 하더라구요. "엄마, [공부]해야 되는데" 그러고 하는 모습도 봤고. 근데 집중이 얘가 잘 안 되나 봐요. 사실 2년을 놓쳐버린 거잖아요, 놓치고 2학년 때 돼서도 순간순간 애가 한 번씩 저거[공부를 못] 할 때도 있었고. 지금은 그냥 딸아이 혼자 있으니까 얘가 그냥 잘되었으면은, 잘 커줬으면은 좋겠다는 생각을 하고.

　　걱정되는 게 나중에 이 아이 혼자 남았을 때 아무래도 부모니까, 물론 가는 거는 순서가 없다고 하지만 저희들이, 엄마, 아빠가 나중에 없을 경우에 이 아이 혼자 남게 돼 있잖아요. 그래서 제가 어렸을 때부터 동영이랑 있을 때 항상 제가 얘기를 했거든요. "나중에 엄마, 아빠 죽으면은 너희들 둘밖에 없다구, 너희들 둘밖에 없으니까 싸우지 말고 무슨 일 있으면은 항상 의논하고 서로 힘이 돼줘야 되니까 사이좋게 잘 지내라"고 의지할 사람은 너희밖에 없다는 얘기를 참 많이 했어요, 어렸을 때부터. 그래서 제일 걱정되는 게 나중에 이 아이 혼자 남았을 때 그때가 제일 걱정이 되더라고. 어떤 일이 생겨도 의논할 사람도 없을 것이고 그것도 형제하고 친척들하고는 천지차이잖아요. 그 아이 마음도 안 편할 것이고 그 사람들한테 가서 의논도 안 할 것 같아요, 성격이. 혼자 감당해야 되는 앞으로 그게 제일 걱정이 많이 되죠.

면담자   유가족 형제자매에 대해 국가, 의료기관, 사회에서 그렇게 많은 관심을 쏟지 못했었잖아요. 어떤 것이 있었으면 좋겠다는 바람 같은 거 있으시나요? 지금 ○○이 이야기를 하시니까.

동영 엄마   글쎄요, 딱히 그거는 ○○이 같은 경우에는….

면담자   형제자매들끼리 친하나요?

동영 엄마   지금 '우리 함께'에서 형제자매들이 많이 가깝게 지내고 하잖아요. 애들 언니들도 있고 전에는 같이 만나고 했었어요. 같이 만나고 같이 밥도 먹고, 같이 서울도 갔다 오고 자기네들끼리 잘 다니고 하더라고. 친한 언니들이 있어요, 있기는 있는데 그 언니들이 다 직장생활을 하고 하다 보니까 지금은 자주 못 만나는데 연락들은 하더라구요. 연락은 하고 그렇게 하는데 이 언니들하고는 같이 이렇게 만나고 하는데, '온마음'에서든 어디서든 어떤 프로그램 같은 게 있어서 이 세월호를 엮어서 얘기하는 거를 싫어하더라구요. 지금은 아이가 그런 쪽으로 생각을 하다 보니까 제가 형제자매에 대해서 국가에서 무엇을 해줬으면 좋겠다고 하는 거는 없어요. 그런 거는 없고 국가에서 해준다기보다는 사람들의 선입견? 이런 거만 없었으면 좋겠다는 생각을 해요.

면담자   어떤 선입견들을 제일 좀 힘들어하나요?

동영 엄마   그 처음에 애들 학교, 대학 처음에 뭐지? (면담자 : 특례입학) 어, 특례입학. 특례입학 얘기 나오고 그런 곳에 되게 민감하더라고, 학생이다 보니까 그런 쪽에 민감하고. 그리고 온마음에서 어떤 프로그램 같은 게 있어서 견학을 간대던가 이런 거를 크게 좋아하지는 않는 것 같아요.

면담자　세월호라는 틀에 묶이는 걸 싫어하나 보네요.

동영 엄마　어, 세월호라는 그 틀에 묶여서 어딜 간다는 그 자체가 싫대요, 그 자체가 싫고. 근데 '온마음'에서 아이들을 이렇게 해서 어디 가자 하는 그거는 좋아하면서 가더라고요? 그게 어떤 건지는 모르겠는데 '온마음' 선생님이랑 '우리 함께' 국장님이나 선생님들이랑 어떤 방식으로 아이들을 저걸[인솔] 하는지는 모르겠지마는, 그래도 '우리 함께'에서 하는 거는 좀 참석을 할려고 해요. 같이 어디 다니고 하는 거는 다니는데 '온마음'에서 하는 거는 크게 [안 하려고 하죠].

9
가족관계

면담자　지금 ○○이와의 관계나 동영 아빠와의 관계는 어떠신가요?

동영 엄마　지금은 안 좋아지지는 않고요, 처음에는 사고가 났을 때 사실 '밉다' 미운 생각이 많이 들었거든요. 아빠가 사업을 하다가 잘못돼서 저희들이 안산으로 오기도 했고 직장 때문에도 오기도 했지만은 그런 일만 없었다면은 안산으로 이사도 오지도 않았을 거고,

모든 게 연관이 되다 보니까 사실 처음에는 많이 미웠어요, 아빠가. '다 너 때문에 그렇다'고 이런 마음이 컸어 가지고 처음에는 많이 힘들었었고. 힘들었어도 집에서는 저희들이 가족들 저희 세 식구들끼리는 내색을 못 하잖아요. ○○이 같은 경우에도 감정을 많이 숨기는 편이고 이게 서로한테 힘들고 상처되고 그럴까 봐 그 표현을 오히려 더 못 한 것 같아요. 그렇게 못 하고 그랬었는데 이게 시간이 지나니까 너무 힘들어지더라구요. 그 미운 감정이 진짜 내가 미워하면은 왜 감정이 뭐든지 이렇게 점점 더 커지잖아요. 나중에는 가슴이 터질 것 같은 거예요, 나 자신도 힘들고 집안도 너무 삭막하고. 동영이 있을 때는 "진짜 시끄럽다고, 그만하라고 조용히 하라고" 말할 정도로 그렇게 집안이 많이 시끄럽고 했는데, 한 아이가 없으니까 집안이 '집에 들어가면은 집이 너무 절간 같다' 문 열고 들어가면은 그 생각이 먼저 들거든요. 그러니까 ○○이가 있어도 오빠하고 있을 때 노는 거랑 엄마, 아빠가 있어서 얘기하는 거랑은 많이 틀리더라구요. 둘이 있을 때는 그냥 싸우기도 하고 그렇게 했는데 ○○이가 있어도 얘가 얘기 상대가 없어져 버리니까 말도 전에처럼 많이 하지도 않고 시끄럽지도 않고. 〈비공개〉 그러는데 제가 작년 후반기부터 '아, 안 되겠다' 안 그래도 집안 분위기도 너무 저거 한데[안 좋은데] 내가 계속 이러면은 더 안 좋아지겠다는 생각이 어느 날 갑자기 들더라구요. 그래서 내가 변해야 되겠다 싶은 생각을 했어요. 나도 편하고 한집에서 살면서 서로가 편하게 살아야 좋으니까.

그래서 미운 감정 같은 거 다 덜어버리고. 사실 다 똑같이 아픈 사람이잖아요. 똑같이 아프고 그러는데 아빠 같은 경우에는 술 마시고 들어와 가지고 집에 와서 엉엉 우는 거예요. 저는 술을 제가 못해서 이해를 못 하겠는데 술 한잔이 들어가면 사람이 아무래도 감정이 달라지잖아요. 그래서 그런 것도 너무 싫고 그런 거도 얘기도 하고 내가 챙겨줘야 되겠다 [싶었어요]. 〈비공개〉 제가 동영이를 많이 챙겨주기도 했지마는 그 일이 있고난 후부터 애한테[○○이한테] 어떻게 보면은 관심을 안 가졌던 것 같아요. 동영이 일이 더 컸으니까, 더 크고 ○○이 같은 경우에는 우리가 나가고 그러면 밥도 없고 그러면 그냥 돈 만 원 주고 "이따 가서 그냥 밥 사 먹어" 그러고 마는 정도였으니까. 근데 그 시간 동안을 아이가 서운하고 그런 것도 많았을 것 같은데 한 번도 얘기를 안 해요, 얘기를 안 하는데…. 〈비공개〉 지금은 많이 챙겨주려고 노력을 해요.

근데 크다 보니까 애들이, 애가 다 컸잖아요. 지 방식대로 지도 다 하고 살면서 (웃으며) 크게 해줄 건 없지마는 그래도 전에보다는 조금 더 관심도 가져주려고 하고 아빠한테도 조금 잘해줘야 되겠다. 서로 관심을 가지면서 살아야 되겠다는 생각을 많이 했었고 그래서 지금은 조금 편해진 것 같아요. 그 미움을 조금 털어버리고 나니까 마음도 많이 편해지고 아빠도 지금은 많이 전보다는 편해하는 것 같고, 크게 지금은 뭐.

면담자　　　이게 항상 어려운 문제인 게 어머님도 피해자고 가족들 챙길 여력이 없는 상태에서 모녀 관계다 보니까, 위안을 해줘야 한다는 게 너무 힘든 것 같아요. 부모도 위안을 못 받고 너무 힘들어서 자녀분들을 챙기기가 힘들고.

동영 엄마　　　　사실이죠. 학교에서도 그렇고 그 상담 선생님들이 이렇게 계시잖아요. 학교에서도 선생님이 알고 계시니까 한 번씩 불러서 상담을 해주시나 봐요. 그리고 언젠가는 어디서라고 하더라? 거기서도 어떤 분이 얘기를 하시는데, 상담을 받으러 갔을 땐가? 아이들이 처음에 사고가 났을 때 주변 친척들한테도 그렇고 이웃들한테도 그렇고 들었던 말이 "엄마 잘 챙겨라" 그 소리를 아이들이 먼저 들었어요. 부모가 아이를 챙겨야 되는데 거꾸로 돼가지고 "네 엄마 잘 챙겨라" 그냥 이렇게 아이들이 들어가지고 그 얘기를 듣고도 사실 아무 말도 못 했잖아요, 듣기만 하고 이 아이들도. 근데 저번에 상담을 하러 가서도 어떤 분이 그러셨다고 하더라고 "엄마도 많이 힘들 텐데" 선생님이 아니었나 보다, "엄마 잘 챙겨드려라"고 그런 말을 했대요, 그래서 너무 화가 났다고.

　"나도 힘든데, 나도 힘든데" 처음에 나도 그 소리를 들었는데 그때는 진짜 아무 저기[할 말이] 없어서 그냥 듣고만 있는데 "나도 지금까지 힘든 거를 아무 말 없이 엄마, 아빠한테도 얘기 못 하고 그러고 살아왔는데 왜 나한테 엄마 잘 챙겨드리라고 얘기를 했냐"고 "'너도 많이 힘들지?' 하는 얘기를 해줬으면 좋겠다"고, 그런 얘기를 하고 하면은 좋겠는데 지금도 그런 얘기를 하니까 화가 난다고 그런 얘기를 한 번 하더라고.

10
진상 규명

면담자   진상 규명이 된다면 어떠한 삶을 살고 싶으신가요?

동영 엄마   무섭거든요, 사실 그 이후가.

면담자   다 해결이 되면?

동영 엄마   그 이후가 사실 저는 더 무섭다는 생각을 해요. 지금은 그래도 이 일 때문에, 이 일을 일단은 저희들이 해결을 해야 되니까 뭐라도 얻어야 되니까 이렇게 같이 다니고 같이 이렇게 함께할 수 있는데, 만약에 그 모든 것이 다 이루어졌을 때는 아무래도 흩어지는 경향이 많을 거 아니에요. 만날 기회도 없고 그러다 보면은 우리끼리 서로 의지하고 이러고 살았는데 나중에 그때 가서는 혼자 갇혀 있는다고 해야 되나요? 그런 활동들이 없을 경우에는 더 힘들어지겠다 하는….

면담자   4·16합창단은 계속 있겠죠?

동영 엄마   그러니까 계속 뭔가 하겠죠, 물론 계속 끊어지지야 않겠지마는 지금은 그것 때문에 그래도 저희들이 버티는 거잖아요. 그게 만약에 다 해결이 된다면은, 우리가 원하는 것을 다 얻고 만약에 그런 다음에는 많이 힘들어지는 부모들도 진짜 많을 거라고 생각을 해요.

면담자   진상 규명 이후의 삶에 대한 생각이나 상상 같은 거는 아직은 힘드신 거죠?

동영 엄마   네.

면담자   진상 규명이라는 게 어머님한테는 어떤 건가요? (동영 엄마 : 진상 규명?) 어떤 의미?

동영 엄마   아이들이 남긴 숙제를 해주는 거?

면담자   진상 규명이 될 거라고 믿으시나요?

동영 엄마   되게 만들어야죠, 쉽지는 않을 거라는 생각을 해요.

면담자   3년이 된 지금 동영이를 떠올리면 무슨 생각이 드시는지? 그리고 동영이가 어머님께 어떠한 의미인지요?

동영 엄마   떠올리면은, [동영이] 지금 원래 나이가 20살이거든요, 20살이고. 근데 나이만 먹었지 저희들 기억 속에는 아직 교복 입은 학생이잖아요. 그 모습 그냥 그대로 아직 남아 있는데 한 번씩 가다가 진짜 양복 입은 고 또래들 보면은 많이 생각이 나요. 생각도 나고 '아, 지금쯤 저렇게 멋있게 컸을 텐데' 하는 그런 거도 많고. 동영이는 저한테는 많이 그래도 힘이 돼줬던 아이인 것 같애요. 첫아이이기도 하지만은 그냥 말썽 한 번 부린 적도 없고. 항상 애가 키도 작았거든요? 동영이가 큰 키는 아니었어요, 키도 작고 했는데 항상 든든함 같은 것이 있었어요.

아들이다 보니까 아직 저희 세대가 그렇긴 한가 봐, 남아선호사상. 우리 딸도 한 번씩 그런 얘기를 하는데 아들이어서 사실 듬직하고 많이 의지도 되고 그런 게 있었는데, 이 아들이라는 자리가 없어지고 나니까 너무 허무한 거예요. 아빠가 있어도, 아빠하고 똑같은 남자래도 아빠하고 아들하고는 이게 느낌이 틀리더라구요. 든든함 같은 게 없어졌다고 해야 되나요? 더 이상 얘기 안 할게요, 하튼.

11

다이빙 벨

면담자   네, 어머님 저희가 거의 질문을 다 했는데요, 한 가지 만 더 어머님께 질문드리고 싶은 게 있어요. 어머님이 언급된 인터 넷 자료들을 보면 동영이 사촌 형이 가끔 나오더라구요, 그죠?

동영 엄마   네, 예전에.

면담자   그 일이 실제로 어떠한 일이었는지요? 그 형은 어떤 사람이고 연락도 계속하고 계신가요?

동영 엄마   거기가 여기 원곡동에 형님네 아들이거든요. 아들이 고 그런데 그때 다이빙 벨 투입한다고 했을 때 그때 아마 인터뷰하 면서 했던 말이 그렇게 [오해를 사게] 된 것 같아요. 그래서 인터넷뉴 스에 일베라고 이렇게 올라오고 그렇게 해서 나중에 여기서 그거를 하여튼 고소를 했다고 그러더라고, 지가 고소도 하고 다 해서 그거 는 다 [끝났어요].

면담자   그 인터넷 방송국을요?

동영 엄마   인터넷 방송이라기보다는 거기에 댓글 올리고 하는 사람들 있잖아요, 일베라고 이렇게 저거[댓글 달았던] 했던 사람들 찾아내 가지고 그렇게 했는데. 그때 다이빙 벨 투입 당시에 저는 그 현장에는 없었고. 저도 그거를 뉴스로 나중에 봤었거든요, 봤었는데 유가족이 아니라고 해서 [댓글로] 어떤 무슨 얘기를 했는지 정확하게 제가 기억을 못 하겠어요. "당신이 진짜 가족이 맞냐"고 가족 사칭한다는 그런 말이 나오고 일베라는 말까지도 나오고. 그렇게 그게 그냥 큰 저거는 없었는데 거기서 댓글이 워낙 이렇게 안 좋게 올라오다 보니까 그렇게 된 것 같아요.

면담자　　　그것으로 인해서 가족 친지간에 어려움이 있거나 그랬었던 거는 아니고요?

동영 엄마　　　아, 그런 거는 없구요, 사람이 생각하는 게 다 틀리잖아요. 가족이라고 해도 생각하는 게 다 똑같을 수는 없고. 어떻게 느낌이 우리가 생각하는 거하고는 다르다 하는 거는 나중에 이렇게 얘기를 하는 걸 봐도 그 느낌은 들더라고. '우리하고 똑같은 거는 아니구나' 하는 느낌은 있는데 그걸 가지고, 저희들이 생각 차이니까 뭐라고 하지도 않고 저도 거기에 대해서는 별다른 얘기도 없고. 지 생각에는 맞는 말을 하는 거니까.

면담자　　　다이빙 벨에 대해서 다큐멘터리에도 나오고 그랬잖아요. 특히 이상호 기자 같은 경우는 주요 언론들이 왜곡할 때 워낙 열심히 뛰어다녀서 가족들한테 지지를 받고 그랬었고. 그런데 다이빙 벨에 대해서는 사실 논란이 있거든요. 여러 가지 이야기들이 도는데 지금 가족분들은 그 다이빙 벨을 어떻게 정리하고 계시나요?

동영 엄마   글쎄요, 그것까지는 저는 모르겠는데. 안산에서 상영할 때 저희들이 먼저 가서 관람을 했거든요, 안산에서도 하고 해서. 근데 현장에서 사실 있는 그대로를 이 사람은 취재를 한 거잖아요. 그중에 많은 말들을 했겠지만 그 말들이, 어떤 말들을 했는지는 다 기억은 하지는 못하겠고. 그때 당시에 저희들도 아이 찾기 전이라 진도에 있으면서 사실 다이빙 벨이 실패해서 돌아갔다는 걸로 그때도 알고 있었고. 그래서 사실 욕도 진짜 하고 그랬었어요. 그랬었는데 나중에 한참 지난 뒤에 그 해경의 방해 작전, 방해 같은 거? 그런 게 나중에 저기[알게] 됐잖아요. 글쎄, 그 〈다이빙벨〉 같은 경우에는 어떤 얘기보다, 그 드라마를 이 사람이 만든, 영화를 찍은 게 아니잖아요. 그 현장에서 사실 있는 그대로를 취재를 해서 그냥 다큐 영화로 만든 거기 때문에 제 생각에서는 큰 저거[문제]는 없다고 생각을 해요.

면담자   다이빙 벨에 대해서도 많은 사람을 만나보면 조금씩 차이가 있어서요. 그것도 우리가 하나 밝혀져야 될 사실 중에 하나이긴 하겠죠.

동영 엄마   맞네.

면담자   오늘까지 3차 구술 모두 마쳤구요, 너무 수고하셨습니다.

동영 엄마   수고하셨습니다.

면담자   네, 감사합니다.

4·16구술증언록 단원고 2학년 6반 제6권

그날을 말하다 동영 엄마 이선자

ⓒ 4·16기억저장소, 2020

기획 편집 4·16기억저장소 ┊ **지원 협조** (사)4·16세월호참사가족협의회

펴낸이 김종수 ┊ **펴낸곳** 한울엠플러스(주)

초판 1쇄 인쇄 2020년 4월 1일 ┊ **초판 1쇄 발행** 2020년 4월 16일

주소 10881 경기도 파주시 광인사길 153 한울시소빌딩 3층

전화 031-955-0655 ┊ **팩스** 031-955-0656 ┊ **홈페이지** www.hanulmplus.kr

등록번호 제406-2015-000143호

Printed in Korea.

ISBN 978-89-460-6760-8 04300

　　　978-89-460-6801-8 (세트)

* 책값은 겉표지에 표시되어 있습니다.